W0179437

Geest-Verlag
Verlag für engagierte Literatur

*Für Chester
und Betti!*

Daniela A. Ben Said

# Das Märchenseminar

**Persönlichkeitstraining mit Herz
oder
Geschichten aus dem Leben
für das Leben**

Ben Said, Daniela A.: Das Märchenseminar.
Persönlichkeitstraining mit Herz oder
Geschichten aus dem Leben für das Leben.
Vechta-Langförden: Geest-Verlag, 2006
**14. überarbeitete Auflage, März 2013**

Paperback ISBN 978-3-86685-034-7
Hardcover ISBN 978-3-86685-285-3

Geest-Verlag
Lange Straße 41 a
49377 Vechta-Langförden
Tel. 04447/856580
Fax: 04447/856581
Mail: Geest-Verlag@t-online.de
Internet: http://www.Geest-Verlag.de

## Vorwort

‚Das Märchenseminar' ist ein ganz besonderes Buch. Die Hauptfigur, Dalila Habib, erlebt in ihrem Beruf und privat herausfordernde Situationen. Ein besonderes Märchenbuch hilft ihr dabei, das Leben zu verstehen.

Es geht ihr dabei wie mir, Daniela A. Ben Said, der Autorin dieses Buches. Schon mein ganzes Leben begleiten mich Geschichten und haben mir in verschiedenen Situationen immer wieder geholfen. Als Kind habe ich mich in Geschichten verstecken können und als erwachsene Frau habe ich mich in manchen wiedergefunden – und neue Kraft daraus holen können.

Wenn Sie diesem Buch, und somit mir, die Gelegenheit geben, möchte ich Ihr ganz persönlicher Coach auf dem Weg zu einer echten Persönlichkeit sein.

Bei der Lektüre wünsche ich Ihnen Ruhe und Muße, Kraft und Mut zur Veränderung bei den anschließenden Übungen und in Ihrem Leben. Denken Sie immer daran: „Das Leben ist schön!"

Herzlichst
Ihre Daniela A. Ben Said

*Alle Personen des Buches sind frei erfunden. Ähnlichkeiten mit lebenden Menschen sind rein zufällig.*

# Inhalt

## 1. Die Begegnung

Ein sonniger Herbstsonntag im Oktober. Dalila Habib schlendert gut gelaunt über den Flohmarkt ihrer Heimatstadt Osnabrück. Sie genießt die herbstliche Wärme, die Sonnenstrahlen auf ihrem Gesicht. Nur schade, dass ihr Mann Sven an diesem Wochenende wieder einmal arbeiten muss. Gedankenverloren spaziert sie an den Ständen vorbei.

„Guten Tag, junge Frau!"

Zwei strahlende Augen blicken sie an.

„Hallo!"

Dalila schaut ob des überraschenden Grußes erstaunt in das Gesicht eines alten Mannes hinter einem Stand. Seine Haare sind grau, dicht und reichen ihm bis zur Hüfte. Sie sind zu einem Zopf geflochten. Sein Gesicht ist unter dem wuchernden Vollbart kaum zu erkennen. Doch seine Augen – sie scheinen den gesamten Flohmarkt auszufüllen.

„Ich habe hier ein ganz besonderes Buch – das hat nur auf Sie gewartet."

Dalila lächelt den alten Mann freundlich an. ,Netter Versuch ...', denkt sie sich, ,die Ansprache baue ich in meine nächste Verkaufsschulung als kleine Anekdote ein.'

„Vielen Dank, aber auf mich warten zu Hause noch unendlich viele Bücher, die gelesen werden wollen!"

Dalila will sich gerade abwenden, als der alte Mann weiterspricht: „Bestimmt warten dort, wo Sie wohnen, viele Bücher auf Sie – doch in diesem Buch werden Sie Ihr inneres Zuhause entdecken!"

Mit diesen Worten hält er ihr ein riesiges, schweres, in Leder gebundenes, abgenutztes Buch entgegen.

„Herzgeschichten – Märchen für Ihr Leben", entziffert Dalila den Titel. Sie holt Luft, um dankend abzulehnen und weiterzugehen. Doch eine innere Stimme hält sie aus irgendeinem Grund davon ab.

„Was möchten Sie denn für diesen alten Wälzer noch haben?" Fasziniert schaut sie in diese Augen, die den Blick eines jungen Buben vermitteln, der den Schalk der Welt und die Unbefangenheit des Lebens in sich zu tragen scheint.

„Wenn Sie mir versprechen, dass Sie dieses Buch nicht von vorne bis hinten lesen und nicht sofort mit dem Lesen anfangen – dann nehme ich nur 10 Euro. Versprechen Sie mir das nicht – so ist es unverkäuflich."

Dalila kräuselt fragend ihre Stirn.

„Lesen Sie es immer nur dann, wenn Ihr Leben Ihnen besondere Emotionen schenkt. Das gilt für gute und schlechte, für spannende und neugierige und alle anderen Gefühle. Schlagen Sie das Buch in solchen Momenten einfach auf. Sie werden meine Worte dann verstehen ... denn: Die Märchen werden Sie finden!"

## 2. Wer (er-)lebt?

### Dalila Habib – die Äußerlichkeiten

Dalila Habib, 32 Jahre, geboren in Osnabrück. Tochter einer deutschen Mutter und eines tunesischen Vaters. Sie lebt mit ihrem Partner, den sie schon seit Langem als ihren Mann bezeichnet, bereits viele Jahre zusammen und wünscht sich nichts sehnlicher, als ihn zu heiraten. Doch sie traut sich einfach nicht, ihn zu fragen, und so wartet sie stillschweigend und hoffend.

Mit ihrem ‚Mann' Sven bewohnt sie ein Haus, in dem sie auch ihre kleine Firma betreibt. Die Vita der jungen Frau liest sich wie eine Achterbahn: Nach dem Abitur Jura studiert, nebenbei im Fitnessstudio gearbeitet, Lizenzen aller Art in diesem Bereich erworben, Jurastudium abgebrochen, in die Fitnessbranche eingestiegen, Referentin für Fitnesstrainer geworden, dabei ihre Leidenschaft für das Referieren entdeckt, parallel zum mittlerweile full-time-80-Stunden-die-Woche-Fitness-Job zahlreiche Ausbildungen absolviert – Heilpraktiker, Hypnosetherapeut, Psychologiestudium, NLP-Ausbildungen, eben alles, was der Business-Markt der Ausbildungen so hergibt.

Ihre Leidenschaft gilt – neben ihrem Mann und ihrer Familie – ihren Tieren. Am liebsten verbringt sie viel Zeit mit ihren Pferden und ihrem Hund ‚Fienchen'.

Sven hat ihr versprochen, bald auch den ersehnten Hühner- und Schafstall zu bauen. Dann wird die Wunschvorstellung ihrer ‚kleinen Farm' perfekt umgesetzt sein.

Ihr Job füllt sie komplett aus. Sie hat eine Unternehmensberatung mit mittlerweile 15 MitarbeiterInnen. Auf ihre Firma ist sie besonders stolz, weil sie die ganz allein aufgebaut hat. Oft erzählt sie von ihrem ersten 15qm-Büro, das tatsächlich klein und hässlich war, und auf welchen manchmal schwierigen Wegen sie es mittlerweile auf fast 1.500 qm Bürofläche gebracht hat.

Sie schult Firmen, leitet zahlreiche Seminare und ab und zu begleitet sie Kunden mit Einzel-Coachings. So ist sie alles in allem sehr ausgelastet – manchmal schon zu sehr!

Ihr Lieblingsgedicht

## Erfolg

Erfolg heißt:

Oft und viel lachen.

Die Achtung intelligenter Menschen und die Zuneigung von Kindern gewinnen.

Die Anerkennung aufrichtiger Kritiker verdienen und den Verrat falscher Freunde ertragen.

Schönheit bewundern.

In anderen das Beste finden.

Die Welt ein wenig besser verlassen, ob durch ein Kind, ein Stückchen Garten oder einen kleinen Beitrag zur Verbesserung der Gesellschaft.

Wissen, dass wenigstens das Leben eines anderen Menschen leichter war, weil Du gelebt hast.

Das bedeutet, nicht umsonst gelebt zu haben.

*Ralph Waldo Emerson*
*(amerikanischer Philosoph 1803 – 1882)*

## Dali – die Seele

Dali ist ein starker, stolzer und mutiger Geist. Sie setzt sich hohe Ziele, die sie zumeist erreicht, und wenn jemand ihr Tempo nicht mithalten kann, reagiert sie häufig mit Ungeduld.
Sie hasst Unpünktlichkeit, Schlampigkeit, Unordnung, Lügen und Unzuverlässigkeit.
Das ist ihre starke und zugleich harte Seite.

Oft quälen sie jedoch Sorgen und Ängste. Sie hat allerdings das Talent, diese Seite kaum einem Menschen zu zeigen. Wirklich gute Freunde, denen sie sich zu öffnen traut, hat sie kaum. Sven und Dr. Daniela Agis, das sind die einzigen.
Bekannte hat sie viele – jedoch zeigt sie ihnen ihre Seele so gut wie nie.
Es verletzt sie, wenn andere negativ über sie sprechen.
Unerträglich ist es für sie, wenn jemand ihre Familie angreift. Dann wird sie wütend und hat auch keine Scheu, zu harten Mitteln zu greifen. „Meine Familie ist heiliges Terrain – das darf niemand angreifen!", sagt sie dazu.
Oft kapituliert sie vor ihrem inneren Kritiker. Dann denkt sie, sie sei nicht gut genug, würde alles nicht mehr schaffen. In solchen Momenten ist sie sehr verzweifelt.
Das ist ihre weiche und verletzliche Seite.

Ihre eigene Geschichte

## Der Adler

In einem Land, fern und irgendwie doch ganz nah, vor langer Zeit und doch wie gestern, gab es einen Adler, einen noch sehr jungen Adler mit zerzausten und hängenden Flügeln. Einen Adler, der aus seinem Nest gefallen war und dessen Eltern es nicht geschafft hatten, ihn zurückzuholen und als Adler zu unterrichten, einen Adler, der schon fast vergessen hatte, dass er ein Adler war. Nur eine leise innere Stimme, die immer wieder verzweifelt versuchte, gehört zu werden, erinnerte ihn an sein wirkliches Sein ...

Um ihn herum breitete sich eine weite karge Steppe aus, in der Ferne erkannte er verschwommen Berge, alles wirkte wie in ein gelbliches Licht getaucht, denn seine Augen waren trübe und verklebt. Nur Weite und Leere umgaben ihn, dornige Büsche, an deren Stacheln er sich die Federn zerriss. Er bemühte sich, wie ein Landtier auf seinen Füßen zu laufen, doch immer wieder stolperte er, fiel in den Staub. Sein stolzer Hals war gebeugt, seine Haltung gebrochen. Nur manchmal begegnete er einem Tier, das in dieser Steppe zu Hause war. Vernahm er bei dieser Begegnung mit einem Tier seine innere Stimme, erzählte er stolz, dass er ein Adler sei. Sein Gegenüber sah ihn dann zumeist verständnislos an und entgegnete: „Ich glaube dir nicht, dass du ein Adler bist, du siehst so anders aus!" Und jedes Mal nach einem solchen Gespräch wurde die Haltung des Adlers noch gebeugter, sein Blick noch trüber, seine Federn wurden noch matter, seine Stimme wurde noch schwächer, sein Herz brach noch ein wenig mehr und seine innere Stimme wurde noch leiser.

Weil er irgendwann selbst nicht mehr wusste, wer oder was er überhaupt war, begann er, wie andere Tiere Beeren zu essen. Anfangs schmeckten sie ihm überhaupt nicht, aber er glaubte, wenn die anderen so etwas aßen, sollte er es auch tun, das wäre schon richtig. „Hauptsache, ich gehöre dazu ..., irgendwo dazu."

Und weil sich der Adler, um dem Leben zu entgehen, lange in einem stacheligen Gebüsch versteckte, lernte er nach einiger Zeit die Feldmäuse kennen und wünschte sich, so wie sie zu werden. Klein, um von der Welt nicht gesehen zu werden; leise in der Stimme, um nicht gehört zu werden; grau, um nicht wahrgenommen zu werden. Und immer kleiner machte er sich, um den Mäusen ähnlicher zu werden, denn er hoffte, dadurch auf seinem Weg durchs Leben zumindest zu den Mäusen zu gehören. Manchmal jedoch plusterte er sich auf und wollte den Feldmäusen beweisen, dass er doch anders wäre, wertvoller. Die Feldmäuse gewöhnten sich mit der Zeit an ihn und sein seltsames Gebaren und ließen ihn gewähren.

Mit jedem Tag, mit jeder Stunde vergaß der Adler mehr, dass er ein Adler war; sein Blick wurde noch trüber, die Augen verklebten immer mehr, die Landschaft wurde noch gelblicher, das Herz immer gebrochener und die innere Stimme verstummte irgendwann ganz. Die Glut des Adlers – ein ganz eigenes Feuer, tief in seinem Inneren verborgen – verlosch immer mehr, dieses stolze Feuer des Adlers, welches bei seiner Geburt noch so hell geleuchtet und gebrannt hatte. Je mehr es erkaltete, desto mehr resignierte der Adler und er verlor mehr und mehr an Lebensmut.

Wieder war einer dieser heißen Tage angebrochen. Die Mäuse verschwanden in ihre Erdlöcher, um sich vor der Hitze zu schützen. Der Adler wollte es ihnen gleichtun, doch so sehr er sich auch bemühte, er erwies sich einfach als zu groß für diese Löcher. Er fühlte sich wie ein Grashalm in der Steppe, der schutzlos der Sonne ausgeliefert war und zu verdorren drohte.

Und je stärker er die Steppe gelblich und staubig wahrnahm, desto mehr wuchs in ihm der Wunsch zu sterben und im Tod zu finden, was er sich insgeheim sein Leben lang so sehr gewünscht hatte: „Endlich tiefe Ruhe und inneren Frieden fühlen, endlich wissen, wohin ich gehöre, denn dort, wo ich bin, dort bin ich nicht zu Hause!" Tief in seinem Inneren schien es noch einen Funken jenes Feuers zu geben, der ihn sein wahres Zuhause ahnen ließ.

So verabschiedete er sich von den Feldmäusen, die recht froh waren, diesen seltsamen Gesellen loszuwerden, und schwankte mit unsicheren Beinen auf seinen Klauen hinaus in die Wüste, mitten hinein in die glühende Leere, um dort zu sterben. Er verfluchte seine nutzlosen Schwingen, die so sinnloser Ballast waren, und er verfluchte seine Beine, die ihn nicht recht tragen wollten. Er verfluchte seinen Schnabel, der es ihm mit seiner Unförmigkeit so schwer machte, Beeren zu essen, er verfluchte seine Stimme, die so krächzend leise klang. Und er verfluchte seinen Stolz, der die Glut in ihm so lange hatte glimmen lassen und ihn daran gehindert hatte, dem Fremdsein und dem Leiden durch den Tod schon eher zu entgehen. Er verfluchte sich und das Leben und war froh, dass er nun endlich den Entschluss gefasst hatte zu sterben.

Und als er so hinauswankte in die glühende Hitze, von Hunger und Durst geplagt, das Herz gebrochen, dem Tode nah, sah er plötzlich in der Ferne einen großen Stein. Dort würde er sich hinschleppen, sich dort niederlegen, um zu sterben. Doch der Weg war weit und die Hitze wurde mit jedem seiner unbeholfenen Schritte unerträglicher. Nicht einen einzigen Windhauch gab es in dieser Wüste. Seine einzige Hoffnung war, dass ihn der Tod bald ereilen würde.

Nach unendlich langer Zeit erreichte der Adler den Stein, der etwas seltsam Rührendes und Bedeutendes an sich hatte. Ein Stein, von dem der Sterbende ahnte, dass er eine ganz bestimmte, eigene Bedeutung für ihn haben würde. Mit letzter Kraft, er wusste, dass es die letzte Anstrengung seines Lebens sein würde, erstieg er ihn und legte sich erschöpft auf ihm nieder, um einzuschlafen und in den Tod hineinzugleiten. Er breitete seine Schwingen aus, legte den Kopf auf die Seite und wartete lange Tage und Nächte, in denen seine innere Glut immer mehr verlosch und kaum mehr bemerkbar war. Schließlich stieg nur noch ein letzter Rauchfaden empor und er wusste, dass sein Ende nun bald kommen würde – und das empfand er als gut so. „Besser tot, als niemals zu wissen, wo ich hingehöre", sagte er sich.

Und als er so dalag und mit seinem Entschluss des Sterbens im Einklang war, nahm er plötzlich aus seinen verklebten Augenwinkeln heraus eine Bewegung am Himmel wahr, einen dunklen Fleck am weiten, noch gelblichen Blau. Etwas Erkennendes in ihm regte sich. Eine unbestimmte Neugier des Bekannten veranlasste ihn, sich mit einer Feder über die Augen zu streichen und die klebrige Masse daraus zu entfernen. Das Blau des Himmels wurde klarer und die Farben der Wüste veränderten sich. Er blickte nach oben und deutlich erkannte er dort einen Vogel. Einen großen Vogel, einen Adler! Einen Adler, der dort souverän seine Kreise zog.

„Ein Adler, das wäre ich auch gerne gewesen! Doch ich bin etwas anderes und weiß noch nicht einmal was", wehklagte er und legte seinen Kopf zurück auf den Stein. Die aufkeimende Hoffnung schien erneut zu verglimmen wie das Feuer in ihm.

Da durchdrang ein Schrei die Luft. Kraftvoll und laut! Ein Schrei, der in ihm eine Saite zum Klingen brachte, von der er nicht einmal wusste, dass er sie besaß. Ein Schrei, der ihm durch jede einzelne Zelle des geschwächten Körpers drang. Ein Schrei, der sich anhörte, als wollte er ihm befehlen: „Los, steh auf, du gehörst zu uns!"

Und dieser Schrei erweckte etwas in ihm. Es war ein erstes, leises Anklingen seiner inneren Stimme, die ihm sagte: „Das ist der Schrei des Adlers. Und du bist so stark wie er, stark, unabhängig und stolz, bereit zu fliegen, sich den Herausforderungen zu stellen, du bist der König der Lüfte, nicht des Bodens."

„Der König der Lüfte?" Vorsichtig hob der Adler seinen Kopf und die Glut in ihm flackerte jeden Moment ein wenig mehr auf. Er begann, seine innere Stimme deutlicher und durchdringender zu vernehmen.

„Es ist der König der Lüfte, der weiß, dass er ein Adler ist, deshalb fliegt und nicht in Selbstmitleid versinkt. Er lebt so, wie und wofür er geschaffen ist. Ein Adler ist dazu geboren, der König der Lüfte zu sein, in die höchsten Höhen zu fliegen, zu herrschen und zu leben, den Überblick zu suchen, die Welt klar und deutlich zu sehen, Berggipfel zu überfliegen, fremde Länder zu erkunden und all sein Wissen und Können an seine Jungen weiterzugeben. Doch nicht nur seinen Nachkommen, nein, auch allen anderen Vögeln und Tieren teilt er mit, was er gesehen und erlebt hat. Und seine Aufgabe ist es, höher und immer höher zu fliegen, bis zu den Sternen hinauf, und Grenzen zu überwinden, kraftvoll und leicht zu fliegen, schwerelos, sich treiben zu lassen in den Winden der Welt und in immer größere Höhen zu gelangen."

Mit einem Mal bewegte sich der Adler auf dem Stein und begann, das verstaubte und zerrissene Gefieder zu putzen. Nein, er entschied es nicht bewusst, er handelte so, als ob etwas tief in ihm ihn dazu anleiten würde. Seine Bewegungen waren zuerst noch unbeholfen, doch wurden sie nach und nach geschmeidiger und eleganter. Und seine Augen wurden immer klarer, deutlicher nahm er nun die Umgebung wahr, nicht mehr gelb und trübe, sondern das Blau des Himmels, das Strahlen der Sonne, die klaren Konturen der Berge im Hintergrund, das Grün der Bäume in der Ferne. Und in ihm waren ein Pulsieren, das Aufflackern des Feuers, der Stolz, der sich in ihm regte, und die Entscheidung: Wenn ich schon sterbe, dann als Adler.

Und er fasste den Entschluss, noch einmal zu versuchen, ein Adler zu sein. Nein, das war der falsche Weg! Er wollte es nicht versuchen, es wollte ein Adler sein. Mit einem plötzlichen Ruck erhob er sich, sein Körper wuchs zu einer majestätischen Größe heran. Mit einer eleganten Bewegung breitete er die Schwingen aus, so, als ob er sein Leben lang nichts anderes getan hätte, und ein sanfter Windhauch fuhr unter seine Flügel und er spürte, wie er leicht angehoben wurde. Instinktiv brachte er seine Flügel in die richtige Position.

Doch plötzlich spürte er wieder die Angst. „Was ist, wenn ich abstürze?" Seine innere Stimme, die immer lauter geworden war, sprach ihm Mut zu: „Du kannst dich fallen lassen, denn du bist ein Adler, du kannst fliegen, du hast es immer gekonnt, du hast es nur vergessen."

Da durchzog ihn ein Gefühl der Trauer über sein früheres Verhalten, das zugleich seine Entschlossenheit bestärkte. „Ich habe immer fliegen gekonnt, die ganze Zeit über. Warum habe ich es nur vergessen? Aber Schluss mit dem Selbstmitleid, mit dem ewigen Grübeln, dafür habe ich später noch genügend Zeit, sofern ich es dann noch möchte!"

Und der Adler spürte, wie der Wind an ihm zerrte und ihn in die Höhe tragen wollte. Er begann, mit den Flügeln zu schlagen, zwei, drei Mal – und schon hob er ab von seinem steinernen Totenbett. Unentwegt schlugen seine Flügel weiter, schwerelos, er schwang sich in die Lüfte, höher und höher, und je höher er flog, umso leichter trug ihn der Wind und sein Vertrauen in sich und sein Können wurde tiefer und tiefer.

Mit einem Mal begann er auch zu atmen, so wie nur Adler es können, ganz tief ein und aus. Und wohl wie niemals wieder, so wild, laut und urtümlich, stieß er einen Schrei aus, der durch die Berge, über die Steppe, in den Himmel hinein hallte, bis zu den Sternen hinauf, wo er sich vervielfältigte und als helle Strahlen weitergegeben wurde zu allen Sternen, die fortan in viel hellerem Licht den Menschen und Tieren leuchteten. Und dieser Schrei ließ in ihm selbst das Feuer wieder lodern, glühend heiß und lebendig.

Die Feldmäuse hörten den Schrei, blickten sich an und stellten fest: „Wir haben es ja gleich gewusst, nur, uns hat er nie geglaubt. Da musste schon ein Adler kommen und ihm zeigen, dass er auch ein Adler ist." Und froh gingen sie weiter ihrem Leben als Feldmäuse nach, während der Adler sich immer höher hinaufschwang und sein Vertrauen in sich immer tiefer wurde. Sein Gefieder gewann an Glanz und der Wind trug ihn immer leichter durch die Lüfte. Die anderen Vögel machten ihm ehrerbietig Platz und bewunderten seinen Flug voller Kraft und Eleganz. Ein Gefühl der grenzenlosen Freude durchströmte den Adler, warm und pulsierend floss es durch seine Adern, machte ihn glücklich und stolz.

Er überflog fruchtbare Gegenden, nahm wieder Nahrung zu sich und wurde immer kräftiger und schöner. In ihm begann ein Gefühl zu wachsen, nach dem er sich sein ganzes Leben lang gesehnt hatte und das er gedacht hatte, nur noch im Tode zu finden. Zuerst war es nur eine Ahnung, ein Hauch, dann Gewissheit, und schließlich war er ausgefüllt von tiefer innerer Ruhe und innerem Frieden. Und er begann, seine Wut, seine Trauer und seine Verzweiflung über vergangene Zeiten zu verwandeln und schrie seine neue Kraft hinaus mit dem königlichen Schrei des Adlers und ließ Frieden mit sich und wirkliche Zufriedenheit in sein Herz einziehen.

Der Adler flog hin bis zu den Sternen und kehrte zurück, um die Erkenntnisse, die er gewonnen hatte, weiterzugeben an andere Adler, Tiere und Menschen, denen es vielleicht ähnlich ergangen war wie ihm."

Ein Adler, der anderen die Hand reicht, um ihnen zu ermöglichen, das zu entdecken und zu erforschen, was sie wirklich sind. Sie müssen kein Adler sein, Sie können jemand ganz anderes sein, was Sie jedoch ganz sicher sind: Ein einzigartiger, wundervoller (der Wunder volles Lebewesen, also ein Lebewesen voller Wunder) und wertvoller (voller Wert, ein Mensch voller Werte) Mensch.

## 3. Eine verrückte Woche

Dalila hastet wieder einmal von Termin zu Termin. Das Telefon klingelt, der Magen knurrt, das schlechte Gewissen schreit nach Sport, sie steht im Verkehrsstau und es läuft alles darauf hinaus, dass sie wieder einmal viel zu spät zu einem wichtigen Kundengespräch kommen wird.

‚Meine Güte, nervt mich das alles. Jetzt einfach abhauen und alles hinter sich liegen lassen – wäre das schön.'

Wildes Gehupe hinter ihr reißt sie aus ihren Tagträumen.

‚Ja, ja ... ich fahre ja schon, du Knalltüte!', schreckt sie aus ihren Gedanken hoch.

‚Was liegt eigentlich in der nächsten Woche an?', fragt sie sich, während sie gleichzeitig zu ihrem Timer auf dem Beifahrersitz greift, um nachzuschauen.

Dalila schlägt den Timer auf. ‚Oje ... Montag: Kaltakquise. Wie sehr ich es hasse!', denkt sie bei sich. In ihrem Kopf wirbeln zugleich die mahnenden Gedanken zahlreicher Schulungen: ‚Sich-selbst-erfüllende Prophezeiung, positiv an alles herangehen ... Puh ... Wieso ist das bloß so wichtig? Ich hasse es einfach!'

Die Autoschlange schiebt sich Stück für Stück weiter. ‚Heute ist ohnehin ein schlechter Tag. Fing schon blöd an. Streit mit Sven, weil wir mal wieder viel zu wenig Zeit füreinander haben. Und dann, ein Kunde zahlt und zahlt nicht ... Mist. Meine Zahlungsverpflichtungen laufen schließlich auch weiter!'

Sie greift zum Handy und ruft Dr. Daniela Agis an.

„Hi, Dr. Agis!"

„Oh, was ist denn mit dir los?" Schon an der Stimme erkennt sie, dass Dalila unzufrieden ist.

„Ach ... ich habe einen Tag Kaltakquise vor mir. Sechs Termine. Eigentlich ja gut, dass meine Mitarbeiterin so toll telefoniert und auch so viele an meiner Arbeit Interesse zeigen ..."

„Hey, hey Dalila, atme erst einmal durch ..."

Dr. Agis ist Diplom-Psychologin, sie unterstützt Dalilas Firma seit vielen Jahren als Therapeutin in der Unternehmensberatung. Die beiden Frauen haben im Laufe der letzten Jahre eine Freundschaft aufgebaut, die auf Respekt und gegenseitigem Mut zur Wahrheit basiert. Beide sagen sich oft sehr deutlich die Meinung – genau das ist es, was beide so aneinander schätzen.

„Ach, du kennst mich ja, ich zweifle wieder einmal an mir: Kann ich das? Bin ich gut genug? Es gibt bestimmt so unendlich viele Bessere! Was ist, wenn mich mein Gegenüber nicht mag? Ich habe Angst, mir ein ‚Nein‘ abzuholen ... Und Energie habe ich auch nicht richtig. Heute in der Früh haben Sven und ich uns gestritten, und ich weiß noch nicht einmal mehr, worum es eigentlich ging.“

„Ach Dali, ist mal wieder alles zu viel?“, fragt Dr. Agis einfühlsam.

Mit einem Mal bleibt Dalila die Luft zum Atmen weg, der Kloß verschließt ihren Hals und die Tränen steigen in die Augen. ‚Jetzt nicht weinen – ich habe gleich den ersten Termin! Nun reiß dich mal zusammen!‘, befiehlt sich Dalila selber, sagt aber laut: „Ja, ist wohl alles zu viel. Ich weiß ja auch, dass ich positiv denken soll, um einen guten Termin zu absolvieren – aber die Stimme des Zweifels nagt immer so sehr an mir.“

„Okay ... Atme tief in den Bauch und sage mir, was an deinen Zweifeln gut sein könnte!“

„Naja, sie sorgen dafür, dass ich mich immer weiterentwickeln will!“ Dalila spürt, wie sie sich wieder zu sammeln beginnt.

„Und wenn dich wirklich jemand ablehnen würde, weil er deine Leistungen beziehungsweise die Leistungen deines Unternehmens nicht mag, was hätte das mit dir zu tun?“

„Ja, eigentlich nichts, denn die Menschen kennen mich gar nicht. Und wieso sollen sie mich ablehnen, wenn ich freundlich, höflich und konkret bin?“

Dalila fällt es mal wieder wie Schuppen von den Augen – viel Zweifel an dem, was sie schon so oft in ihrem Leben bewältigt hat.

Nachdem sie das Telefonat beendet hat, fällt ihr Blick plötzlich auf einen Stapel Kundenakten, unter dem eine kleine braune Ecke zu sehen ist – das Märchenbuch! Dalila hat es schon wieder völlig vergessen. Sie nimmt es an sich, schlägt es, so wie der alte Mann es ihr geraten hat, wahllos auf und beginnt zu lesen, während sie im immer wieder zum Stehen kommenden Stau warten muss.

**Wer bist Du?**

Ein Universitätsprofessor startete seine Vorlesung, indem er einen Scheck von 40,00 Euro hoch hielt. In dem Raum befanden sich ungefähr 200 Leute.
„Wer möchte diesen Scheck haben?"
Alle Hände gingen nach oben.
„Ich werde diesen Scheck einem von Ihnen geben – aber zuerst lassen Sie mich noch eines tun ..."
Er zerknitterte den Scheck und fragte: „Möchte ihn immer noch einer haben?"
Erneut gingen alle Hände in die Höhe.
„Was ist, wenn ich das tue?"
Er warf den Scheck auf den Boden und rieb ihn mit seinen Schuhen auf dem schmutzigen Boden hin und her. Schließlich hob er den Scheck auf. Er war völlig zerknittert und dreckig.
„Nun, wer möchte ihn jetzt noch haben?"
Wieder gingen alle Hände in die Luft.
Da stellte er fest: „Liebe Studierende, wir haben soeben eine wertvolle Lektion gelernt. Was auch immer mit dem Geld geschah, Sie wollten es weiterhin haben, da es nichts an Wert verloren hat. Ob zerknüllt oder dreckig, es blieben 40,00 Euro!
Es passiert manchmal in unserem Leben, dass wir abgestoßen, zu Boden geworfen, zerknittert und in den Dreck geschmissen werden. Dann fühlen wir uns vielleicht, als ob wir wertlos wären. Aber egal, was auch immer passiert ist – oder passieren wird –, jeder Einzelne von Ihnen wird niemals an Wert verlieren.

Schmutzig oder sauber, zerknittert oder fein gebügelt, Sie behalten ihren Wert für all jene, die Sie über alles lieben. Der Wert unseres Lebens wird nicht durch das definiert, was wir tun, wie unser Erscheinungsbild ist oder wen wir kennen, sondern dadurch, wer wir sind! Jeder von uns ist etwas Besonderes – vergessen Sie das niemals.

Zählen Sie immer Ihren Segen – nie Ihre Probleme!

Fürchten Sie das Neue nicht und wenn Sie einmal an sich zweifeln sollten – dann denken Sie immer daran:

Einfache Leute haben die Arche Noah gebaut – Fachmänner die Titanic!

## Übungen zu Montag – Selbstvertrauen

A. Selbstvertrauen durch gelöste Probleme

„Auf einem Hang von Long's Peak in Colorado liegt der verwitterte Stamm eines riesigen Baums. Fachleute behaupten, dass er weit mehr als vierhundert Jahre alt ist. Vierzehn Mal in seinem Leben schlug der Blitz in ihn ein, zahllose Lawinen und Stürme schüttelten ihn. Er überdauerte alles. Doch schließlich kam eine Armee von Käfern und fällte ihn. Die Insekten fraßen sich durch die Rinde und zerstörten mit ihrem unaufhörlichen Knabbern und Beißen die Kraft des Baumes. Ein Riese des Waldes, den weder Alter noch Blitze oder Stürme hatten fällen können, stürzte unter den Angriffen von kleinen Käfern, so klein, dass ein Mensch sie zwischen Daumen und Zeigefinger zerdrücken könnte." (*Aus: D. Carnegie, „Sorge Dich nicht – lebe!")*

Notieren Sie alle Erlebnisse aus Ihrem Leben, die Sie schwer getroffen haben (Krankheiten, Verlust, Sorgen, Trennungen ...), die Sie jedoch bereits überwunden haben!

Erkennen Sie? Wir Menschen sind unglaublich stark, jedoch lassen wir uns von den täglichen kleinen Sorgen auffressen und uns unsere Energie rauben. Schauen Sie regelmäßig in Ihrem Leben auf das, was Sie alles schon geschafft haben!

Hier eine Strategie, um Probleme zu lösen

Problemanalyse:
- Was ist das Problem für mich?
- Wie kann ich das Problem lösen?
- Welches ist der erste Schritt, den ich in die Richtung der Lösung angehe?

Notieren Sie zu jeder dieser Fragen mindestens drei Punkte!

Seien Sie kreativ, denken Sie immer in Lösungen und vergessen Sie nie: Sie können zwar die anderen Menschen als Problem sehen, sie jedoch nicht ändern – also fragen Sie sich lieber, was ist das Problem für mich?

## B. Selbstvertrauen durch Erfolge

Notieren Sie alle Ihre Lebenserfolge (Schulabschluss, das erste Gehalt, der erste Kuss, Kinder, Partner, persönliche Entwicklung, Führerschein ...)!

Erkennen Sie? Sie haben schon viel in Ihrem Leben geschafft – also schauen Sie auf Ihre Erfolge. Achten Sie nicht nur auf das, was Ihnen nicht geglückt ist – schauen Sie auf das, was Ihnen geglückt ist! Kennen Sie mein Buch ‚Das Wüstenseminar'? Dort finden Sie noch viele Anregungen zu mehr Selbstvertrauen, zum Beispiel das kleine silberne Kästchen oder die Werteanalyse.

Mein Tipp für Sie, wenn es Ihnen schwerfällt, auf das Positive in Ihrem Leben zu achten: Notieren Sie jeden Abend drei Dinge, die gut waren, zum Beispiel Sonnenschein, Kinderlachen, Spaß bei der Arbeit (Ihre persönlichen Highlights). Das können Kleinigkeiten sein wie zum Beispiel ‚Heute keine Schokolade gegessen' oder ‚Zeit für mich genommen' oder aber auch ‚super Job heute gemacht'. Seien Sie auch hier neugierig, welche guten Dinge Ihr Leben Ihnen täglich schenkt.

Nutzen Sie besondere Tage wie etwa Silvester, um eine Edelsteinsammlung – also eine Jahressammlung ihrer schönsten Erlebnisse – zu erstellen und diese mit den Zielen für das neue Jahr zu verknüpfen. Hier zur Ansicht meine eigene aus dem Jahr 2003.

## C. Selbstvertrauen durch eine klare Stärken–Schwäche Analyse

Notieren Sie faktisch und emotionslos Ihre Stärken und Schwächen. (Tipp: Sollten Sie feststellen, dass Sie mehr Schwächen als Stärken finden, legen Sie unbedingt eine Edelsteinsammlung [siehe Übung 2] von sich selbst an.) Dann suchen Sie Ihre größte Stärke und bauen Sie diese aus!

Hier einige Beispiele aus der Geschichte:

Demosthenes stotterte und wurde der größte Redner des griechischen Altertums.

Marylin Monroe hat als Kind ebenfalls gestottert – und wurde eine der bekanntesten Schauspielerinnen der Filmgeschichte. Sie ist bis heute Idol für viele andere Stars.

Napoleon wurde an der Militärakademie als Dummkopf angesehen – und wurde mit einer Größe von nur 1,50 m einer der größten Feldherren aller Zeiten.

John D. Rockefeller war Landwirt – und wurde der Begründer der Rockefeller-Dynastie (Öl). Er war mit großem Abstand der reichste Mann, der je in den USA gelebt hat. Nach Berechnungen des Magazins ‚American Heritage' betrug sein Vermögen nach 1998er Werten 189,6 Mrd $.

Beethoven war in späten Jahren taub – doch die Werke, die in dieser Zeit entstanden, gehören zu seinen besten. Er gilt als einer der genialsten Komponisten in der Geschichte der Menschheit.

Abraham Lincoln war als Geschäftsmann schlichtweg eine Katastrophe (zwei Mal Insolvenz) und wurde mit 52 Jahren Präsident der Vereinigten Staaten von Amerika.

Walt Disney ging mehrere Male mit einem Zeichenbüro pleite und sagte von sich selbst: „Ich kann doch nur malen." Er gründete die erfolgreichste Medienfirma weltweit.

Arnold Schwarzenegger ist der Sohn eines Dorfpolizisten und begann als Bodybuilder – heute ist er eine der bekanntesten Persönlichkeiten, war sogar Gouverneur von Kalifornien.

Ray Croc hat mit 54 Jahren seine erste Mc-Donald's-Filiale eröffnet. Vorher verkaufte er Milchshake-Geräte.

Bill Gates hat kein abgeschlossenes Studium und im Alter von 20 Jahren in der Garage sein Unternehmen Microsoft gegründet.

Wilma Rudolph hatte Kinderlähmung – 1960 wurde sie in Rom dreifache Olympia-Siegerin im Sprint.

David Copperfield kann ‚nur' zaubern und ist doch einer der größten Zauberer der Welt.

Welche Ausrede haben Sie jetzt bereit, um nicht an sich zu glauben?
Oder wurde Ihnen als Kind gesagt, Sie können nichts und/oder Sie seien dumm?

Hier einige Weltirrtümer:

1901, Gottlieb Daimler von Daimler: „Die weltweite Nachfrage nach Kraftfahrzeugen wird 1 Million nicht überschreiten – allein schon aus Mangel an verfügbaren Chauffeuren!" Der heutige Bestand an Kraftfahrzeugen wird auf circa 600 Millionen geschätzt.

1977, Ken Olsen, Vorstandsvorsitzender von DEC: „Ich sehe keinen Grund, warum einzelne Individuen ihren eigenen PC haben sollten!" Schon 1994 wurden weltweit 90 Millionen PC verkauft.

1960, Avery Brundage, Präsident des Internationalen Olympischen Komitees: „Wir haben 60 Jahre ohne Fernsehen gelebt, und wir werden auch noch weitere 60 Jahre ohne Fernsehen auskommen." Die Produktion von Elektro- und Elektronikgeräten ist einer der weltweit am schnellsten wachsenden Wirtschaftssektoren.

1962, Gründung der Plattenfirma Decca, die die Beatles ablehnte: „Uns gefällt ihr Sound nicht, und Gitarrenmusik ist ohnehin nicht gefragt."

Marschall Ferdinand Foch, Militärstratege: „Flugzeuge sind interessante Spielzeuge ohne militärischen Wert."

Dr. Lee De Forest, Erfinder der Vakuumröhre und Vater des Fernsehens: „Trotz allen kommenden wissenschaftlichen Fortschritts wird der Mensch nie einen Fuß auf den Mond setzen."

1981, Erich Honecker, ehemaliger Staatsratsvorsitzender der DDR: „Zwischen der sozialistischen DDR und der imperialistischen BRD gibt es keine Einheit und wird es keine Einheit geben. Das ist so sicher und so klar wie die Tatsache, dass der Regen zur Erde fällt ..."

1896, Sir William Preece, Chefingenieur der britischen Post, zu Graham Bell, als dieser ihm die praktische Verwendbarkeit des Telefons demonstriert hatte. „No, Sir. Die Amerikaner brauchen vielleicht das Telefon, wir aber nicht. Wir haben sehr viele Eilboten." Seit Juli 2006 gibt es mehr Mobiltelefone als Menschen.

1899, der Direktor des amerikanischen Patentamtes: „Alles, was erfunden werden kann, ist bereits erfunden worden."

1927, H. M. Warner von Warner Brothers: „Wer in drei Teufels Namen will schon Schauspieler sprechen hören?"


Jederzeit, Eltern, Lehrer, Verwandte: „Du kannst nichts!"


Kann es also sein, dass Sie dumm sein sollen?
Finden Sie Ihre Stärke – jeder Mensch kann etwas!
Auch Sie!

## Dienstag

Dalila hat sich mit ihrer guten Freundin Malina bei den Pferden verabredet. Malina will unbedingt den Stall wechseln, da ihr Fütterung und Organisation in dem bisherigen nicht gefallen. „Ich kenne noch einige andere, Malina – obwohl ich denke, dass wir es hier ganz gut haben, was meinst du?" Dalila sieht, wie es bei Malina innerlich fürchterlich brodelt. „Wir können uns doch zumindest umsehen!"

Malina hat kein eigenes Auto, also fahren die beiden zusammen los. Die Freundin ist sofort begeistert von der neuen Anlage, die sie sich anschauen. „Wollen wir nicht doch noch eine Nacht drüber schlafen?", fragt Dalila zögerlich. „Nein, mir gefällt es und das Futter ist hier auch viel besser!" Nach kurzem Nachdenken entscheidet sich auch Dalila zuzusagen. „Mensch, das ist echt toll", freut Malina sich auf dem Rückweg.

„Du, Dali ..." Dalila hört schon am Ton, dass Malina einige Stunden später eine schlechte Nachricht für sie hat. „Was gibt es, Malina? Raus mit der Sprache!" Malina druckst noch etwas herum und gesteht schließlich: „Ich komme doch nicht mit in den anderen Stall – bleibst du auch?" Dalila ist wie vom Schlag getroffen. „Ja, aber was ist denn passiert?" Sie kann es nicht fassen. „Der Inhaber des alten Stalls hat noch einmal mit mir gesprochen und mich überredet zu bleiben!" Malina schweigt – Dalila auch. Sie muss erst ihre Gedanken sammeln, viele sich widersprechende Gefühle. Sie denkt daran, wie sie sich vor Jahren fest vorgenommen hat, dass jeder sie an ihren Worten messen soll, sie als fair und konsequent gelten will. Dalila hat sich diese Werte als grundlegende zu eigen gemacht, weil sie diese auch in ihrer Tätigkeit als Unternehmensberaterin immer und immer wieder betont. ‚Ich will authentisch sein und zu meinem Wort stehen', denkt sie bei sich. ‚Auf der anderen Seite wollte ich den Stall wechseln, um mit Malina weiterhin zusammen reiten zu können. Was mache ich nun?' „Dali?", fragt Malina in das Telefon. „Ja! Ich denke nach!", antwortet Dalila.

Sie spürt, wie sie auf sich selbst wütend wird. ‚Warum sind die Menschen so inkonsequent und haben so viel Angst vor Veränderungen, sodass sie lieber ständig Kompromisse eingehen und sich damit selbst belügen? Die einen bleiben ewig mit Partnern zusammen, die sie nicht mehr lieben, die anderen halten einen Job aus, der sie unglücklich und krank macht, wieder andere trauen sich nicht einmal, einen Pferdestall zu wechseln.'

Die Gedanken wirbeln in ihrem Kopf, ehe sie zu einer Entscheidung kommt. „Malina, es tut mir leid, aber ich bleibe bei meiner Zusage für den neuen Stall. Ich lehre in meinen Seminaren immer: Erfolgreiche Menschen sind konsequent! Dann muss ich das auch selber vorleben."

„Tja, dann ist alles klar, wir sind die längste Zeit Freunde gewesen. Dann geh doch!"

Zack, Malina hat das Telefonat einfach beendet. Dalila ist völlig verwirrt. ‚Was genau ist jetzt passiert?', fragt sie sich. Traurig über die Reaktion von Malina hofft sie, dass sich das alles noch aufklären wird. „Das ist doch alles lächerlich! Wegen einer solch unwichtigen Entscheidung kann man doch keine Freundschaft aufkündigen", sagt sie laut zu sich selbst. Sie ahnt noch nicht, wie sehr sie sich täuscht.

Alle Einsteller des alten Stalls ignorieren Dalila plötzlich. Malina, sonst eher still und im Hintergrund, steht auf einmal im Mittelpunkt und verkündet lauthals: „Bei Dalila müsst ihr vorsichtig sein, die lügt und manipuliert." Dalila traut ihren Ohren kaum, als ihr diese Aussage zugetragen wird. Im ersten Moment will sie es Malina mit gleichen Mitteln zurückzahlen. Doch dann denkt sie: ‚Ich fordere immer dazu auf, nie schlecht über andere zu sprechen, gleichgültig, was über einen gesagt wird! Daran sollte ich mich auch selber halten.' Dalila hasst in diesem Moment ihre innere Stimme. Ihre grundlegenden Werte, immer ihre Vernunft, ständig eine so hohe Messlatte. ‚Andere halten sich doch auch an nichts.' Dali ist traurig, verzweifelt und enttäuscht darüber, dass sie sich so sehr in Malina getäuscht hat, und diese über sie Unwahrheiten verbreitet, ja, sogar ihre langjährige Freundschaft verrät. Genauso unverständlich findet sie allerdings, dass alle anderen darauf anspringen und Malina Glauben schenken. ‚Wenn mir jemand über Dritte etwas Negatives erzählt oder sogar Geheimnisse verrät – egal in welchem Streit auch immer – so würde ich den Aussagen doch erst einmal keinen Glauben schenken. Jeder hat seine ganz individuelle Sichtweise und ist damit interessensgebunden. Zum anderen würde ich mich immer fragen, was erzählt diese Person wohl über mich, wenn ich nicht anwesend bin, und kann ich ihr wirklich vertrauen oder macht sie mich irgendwann so schlecht, wie es jetzt Malina mit ihrer gestern noch angeblich besten Freundin macht?' Dalilas Gedanken überschlagen sich. Sie ist enttäuscht und emotional aufgewühlt.

Da fallen ihr wieder der alte Mann und sein Buch ein. Sie nimmt es vom Schreibtisch, schlägt es auf und liest folgende Geschichte:

**Die Fabel vom Frosch**

Es gab einmal einen Wettkampf der Frösche. Ziel war es, die Spitze eines hohen Turms zu erklimmen.
Es versammelten sich viele Wettkampfteilnehmer und andere Frösche, die den Wettkampf beobachten und ihre Artgenossen anfeuern wollten.
Der Wettkampf begann.
Eigentlich glaubte keiner der Zuschauer, dass auch nur ein einziger Frosch die Spitze des Turms erreichen würde. In der Zuschauerrunde hörte man Sätze wie „Die Armen, sie werden es nie schaffen!" oder „Das ist unmöglich!" oder „Frösche sind nicht dazu geboren, auf hohe Türme zu klettern!".
Die Frösche, die am Wettkampf teilnahmen, hörten diese Kommentare natürlich, und einer nach dem anderen gab auf – nur wenige versuchten weiterhin, die Spitze des Turms zu erreichen.
Die Zuschauer begleiteten den Wettkampf weiter mit Sätzen wie „Es war doch klar, dass sie es nicht schaffen!" oder „Keinem wird das jemals gelingen!". Und die Frösche gaben sich allesamt geschlagen – außer einem Dickschädel, der nicht aufgab. Und schließlich erreichte der unter größter Anstrengung die Spitze des Turms.
Die anderen wollten wissen, wie er das geschafft hatte.
Einer der Frösche ging auf ihn zu, um ihn zu fragen.
Da merkten sie, dass er taub war!

## Übungen zu Dienstag – Eigenverantwortung

1. Entscheiden Sie sich jetzt für ein eigenverantwortliches Leben!

„Ich, _____, lebe eigenverantwortlich und weiß, dass niemand anderer außer mir selbst mein Leben ändern kann!"


_____
Unterschrift

2. Notieren Sie an Ihrem Badezimmerspiegel folgenden Satz: „Dies ist der einzige Mensch, der mein Leben bestimmt!"

3. Richten Sie Ihr Leben nach Ihren eigenen Werten aus – bleiben Sie ihnen treu! Wahre Freunde schätzen Sie gerade deswegen.

4. Glauben Sie daran, dass es immer einen Weg gibt – Sie brauchen ihn nur zu suchen.

5. Zweifeln Sie nie an Ihrer innersten Wahrheit!

## Mittwoch

Nachmittags sitzt Dalila zu Hause im Wohnzimmer und sortiert alte Unterlagen. Quer über den Boden verstreut liegen Notizen, alte Briefe, Zeugnisse und bereits vergilbte Fotos. Während sie inmitten der Unterlagen kramt, fällt ihr Blick auf ein Foto. Es zeigt sie mit ihrer Schultüte. ‚Ach herrje, ist das lange her‘, denkt sie und lässt ihren Erinnerungen freien Lauf.

„Zigeuner, Zigeuner, Zigeuner!" Die Kinder aus der ersten Klasse stehen um das Mädchen mit der olivfarbenen Haut und den langen schwarzen Haaren herum und rufen die Schmähung im Chor. Das Mädchen weint.

„Du bist ein Bastard und kein Kind Gottes – du wirst in der Hölle landen!", wettert Schwester Henriette quer durch die Kirche, als die kleine Dalila Habib mit ihrer Schulklasse zum Erstkommunionstraining gehen will. Dalila geht fort – sie ist allein.

„Habt ihr Ausländer kein Geld für schöne Schuhe, oder warum läufst du immer in ‚Made in Aldidas‘ rum?" Dalila, das Mädchen aus der zweiten Klasse staunt über das, was Phillip ihr da sagt: ‚Wieso Ausländer? Und ihre Schuhe, warum waren sie nicht schön?‘

*Dalila bei der Einschulung*

„Habib, du wirst nicht einmal die Sonderschule schaffen. Du bist einfach zu blöd für diese Welt!" Herr König, der Erdkundelehrer der 5. Klasse, wirft das Zeugnis verächtlich auf den Platz des Mädchens.

„Ey, Habib, weißt du immer noch nicht, was der AH-Club ist?" Das schüchterne Mädchen der 8. Klasse schüttelt den Kopf, ihre langen schwarzen Haare fallen ihr ins Gesicht. Sie wäre am liebsten gar nicht da. „Anti-Habib-Club. Und alle in der Klasse sind mit drin!", meint Anja, ihre eigentlich beste Freundin.

Dalila schreckt aus den Erinnerungen hoch. „Was wir Menschen im Leben alles aushalten. Niemals hätte ich früher gedacht, dass ich es zu etwas bringen würde, geschweige denn, dass ich jemals Vorträge vor bis zu mehreren Tausend Menschen halte!", erzählt sie ihrer Hündin, die verschlafen zu ihren Füßen inmitten des Erinnerungschaos' kauert. „Fienchen, hast du auch Durst? Komm, wir holen uns aus der Küche etwas zu trinken." Dalila steht auf und streckt sich. Ihre Knie sind eingeschlafen. Träge schlurft sie, gefolgt von Fienchen, in die Küche, als sie plötzlich mit einem Blick auf ihren Schreibtisch stoppt. ‚Ach, sieh an, das Buch. Wollen wir doch einmal nachlesen', denkt sie, nimmt es, schlägt es auf und beginnt Fienchen vorzulesen.

## Der Student

Gerade war ich, Nick Meyer, das erste Jahr auf dem Internat, als ich eines Tages einen Mitschüler schwer mit Büchern beladen in das Wochenende gehen sah. Einen Teil der Bücher trug er sogar noch in den Händen. Sein Name war übrigens Kyle. Ich kannte ihn aber kaum, da er erst seit ein paar Wochen in unsere Klasse ging.

Es sah so aus, als würde er alle seine Bücher mit sich tragen. ‚Warum nimmt wohl jemand seine ganzen Bücher an einem Freitag mit nach Hause?', fragte ich mich, ‚das muss ja ein richtiger Streber sein.'

In Gedanken war ich bereits mit meinem Wochenende beschäftigt; Treffen mit Freunden und ein Fußballspiel am Samstagnachmittag: Also zuckte ich mit den Schultern und ließ Kyle seiner Wege ziehen.

Kaum war ich ein paar Meter gegangen, sah ich eine Gruppe von Mitschülern johlend in Kyles Richtung laufen. Sie rannten direkt auf ihn zu, rempelten ihn an, schlugen ihm seine Bücher aus den Händen und rempelten ihn so heftig an, dass zuerst seine Brille durch die Luft segelte und er selber schließlich in den Schmutz fiel. Meine Mitschüler verschwanden mit lautem Triumphgeschrei. Kyle rappelte sich auf, schaute vom Boden hoch und sah mich direkt an. Ich sah diese schreckliche Traurigkeit in seinen Augen und ging zu ihm. Er kroch am Boden umher und suchte seine Brille, wobei er bitterlich weinte.

Ich hatte gesehen, wohin die Brille geflogen war, nahm sie auf und gab sie ihm. „Diese Typen sind Blödmänner!" Mehr fiel mir in diesem Moment nicht zu sagen ein. Er setzte die Brille auf und schaute zu mir.

„Danke!" Ein Lächeln überzog sein Gesicht. Es war jenes Lächeln, das wirkliche Dankbarkeit zeigt. Ich half ihm, seine Bücher aufzuheben, und fragte ihn, wo er wohnen würde. Es stellte sich heraus, dass seine Wohnung ganz in der Nähe von meiner lag. „Und warum habe ich dich vorher noch nie gesehen?" Er erzählte mir, dass er zuvor eine Privatschule besucht hätte. Ich hatte mich noch nie mit einem der Privat-Schul-Kinder abgegeben, sie galten als etwas ‚Besseres' unter uns Jugendlichen.

Den ganzen Nachhauseweg unterhielten wir uns, wobei ich, ohne dass ich es wirklich merkte, sogar seine Bücher trug. Er war eigentlich ein richtig cooler Typ.

Ich fragte ihn, ob er Lust hätte, mit mir und meinen Freunden am Samstag Fußball zu spielen. Er sagte zu.

Wir verbrachten das ganze Wochenende zusammen, und je mehr ich Kyle kennen lernte, desto mehr mochte ich ihn. Und meine Freunde dachten nach dem Wochenende sicherlich genauso über ihn.

Montagmorgen, Schulbeginn. Auch Kyle mit dem riesigen Bücherstapel war wieder da. Ich sah ihn auf dem Hinweg zur Schule, ging auf ihn zu und meinte scherzend: „Oh Mann, mit diesen ganzen Büchern wirst du eines Tages noch richtige Muskeln bekommen." Er lachte und gab mir einen Teil der Bücher.

Während der nächsten vier Jahre wurden Kyle und ich richtig gute Freunde. Als wir älter wurden und gemeinsam die Schule abgeschlossen hatten, dachten wir über unser Studium nach.

Kyle entschied sich für Berlin, ich mich für Hamburg. Ich wusste, dass wir Freunde bleiben und diese Kilometer zwischen uns niemals ein Problem darstellen würden. Er wollte Arzt werden und ich hatte vor, eine Fußballkarriere zu starten.

Kyle musste die Rede beim Schulabschluss halten. Ich war froh, dass ich nicht derjenige war, der sprechen musste.

Am Abschlusstag sah ich ihn vor der Aula, in der die Feier stattfand. Er sah großartig aus. Er war einer von denen, die hier im Internat zu sich selber gefunden und ihren eigenen Stil entwickelt hatten. Er hatte mehr Verabredungen als ich und alle Mädchen mochten ihn. Manchmal war ich richtig neidisch auf ihn. Heute war einer dieser Tage.

Ich konnte aber auch sehen, dass er wegen seiner Rede sehr nervös war. Lässig gab ich ihm einen leichten Schlag auf sein Hinterteil und sagte: „Hey, du wirst großartig sein!"

Er sah mich mit einem jener wirklich dankbaren Blicke an und lächelte. „Danke", sagte er.

Als er seine Rede begann, räusperte er sich kurz, sprach dann aber fest und sicher. „Diese Abschlussfeier ist für uns alle ein Moment, um denen zu danken, die einem halfen, diese schweren Jahre zu überstehen. Den Eltern, den Lehrern, den Geschwistern, vielleicht dem Trainer ... aber am meisten den Freunden. Ich sage euch, das beste Geschenk, das ihr jemandem machen könnt, ist eure Freundschaft. Lasst mich euch meine Geschichte erzählen."

Ich schaute meinen Freund etwas ungläubig an, als er von dem Tag erzählte, an dem wir uns das erste Mal trafen.

Er hatte geplant, sich an jenem Wochenende umzubringen. Weiter erzählte er, dass er seinen Schrank in der Schule an jenem Tag ausgeräumt hatte, sodass seine Mutter es später nicht machen müsste, und dass er dabei war, seine Sachen nach Hause zu tragen, als ... Er schaute mich an und lächelte. „Gott sei Dank, ich wurde gerettet. Mein Freund Nick hat mich mit seinem Verhalten damals von meinem Vorhaben abgebracht."

Ich konnte spüren, wie alle im Saal den Atem anhielten, als dieser gut aussehende und beliebte Junge uns von dem schwächsten Augenblick in seinem Leben erzählte. Seine Mutter und sein Vater schauten mit verweinten Augen lächelnd zu mir herüber, genau dasselbe dankbare Lächeln, das ich so gut kannte.

Niemals zuvor hatte ich zu einem Menschen solch eine tiefe Verbundenheit gespürt.

Unterschätze niemals die Macht deines Handelns.

Durch eine kleine Geste kannst du das Leben einer Person ändern. Zum Guten oder zum Schlechten.

Die Schöpfung setzt uns alle ins Leben des anderen, um uns gegenseitig zu beeinflussen, auf jede Art und Weise.

Sieh das Gute in anderen und habe den Mut, dich ihnen zu öffnen.

Gegen acht Uhr ist Dalila mit Dr. Agis zu einem gemütlichen Abend verabredet. Die beiden genießen es zu plaudern, gemeinsam zu essen, viel zu lachen und wenn es sich eben ergibt, auch schon mal zu weinen und sich gegenseitig zu trösten.

Nach großem „Hallo" und „Schön, dass du da bist" lassen die beiden es sich mit Salat, Kräuterbaguette und einem trockenen Rotwein gut gehen.

„Was hast du denn heute hier veranstaltet?", fragt Dr. Daniela Agis neugierig, da das sonst so ordentliche Wohnzimmer von Dalila eher einem Schlachtfeld gleicht. Überall liegen noch Fotos, Papiere, alte Unterlagen und Zeugnisse herum.

„Ich wollte heute eigentlich meinen Papierkram ordnen – aber irgendwann ist es dann eher ein Rumkramen und eine Reise in die Vergangenheit geworden!", lächelt Dalila leicht verschmitzt und wegen der Unordnung etwas peinlich berührt. Sie kann es eigentlich nicht ausstehen, wenn nicht alles auf seinem Platz ist. Dr. Agis spürt ihr Unbehagen. „Hey, kein Problem. Ich finde das Chaos hier sogar richtig gemütlich. Das muss dir doch nun wirklich nicht unangenehm sein. Wir kennen uns nun schon so lange." Sie lächelt Dali an.

„Ach, weißt du, mich erinnert das immer an meine Zeit in der Orientierungsstufe. Dort hatte ich zum ersten Mal mit ,Freunden' meinen 11. Geburtstag gefeiert. Ich hatte fast meine ganze Klasse eingeladen und empfand den Tag als total schön. Meine Mama hatte Spiele organisiert, Kuchen gebacken und wir hatten einen richtig tollen Nachmittag." Daniela Agis hört gespannt zu, nickt und gibt zu verstehen, dass sie mehr von diesem Erlebnis hören will.

„Als ich am nächsten Tag meine Freundin Esther so wie jeden Tag abholen wollte, sagte sie mir, sie käme nicht mit. Ich solle allein gehen. ‚Gut', dachte ich, ‚vielleicht ist sie noch nicht so weit.' Ich ging schon einmal vor. Doch in der Schule hat keiner mehr mit mir gesprochen, Esther hat sich nicht mehr neben mich gesetzt und in der Pause stand ich allein auf dem Schulhof."

„Hast du denn nicht gefragt, was los ist?" Dr. Agis schaut sie prüfend an.

„Nein, das habe ich mich nicht getraut."

Fast ungläubig schüttelt Dr. Agis den Kopf. ‚Kaum zu glauben, wenn ich heute diese selbstbewusste Frau vor mir sehe', denkt sie bei sich.

„Auf dem Rückweg kam dann ein Mädchen zu mir, das ich eigentlich gar nicht so gerne mochte, und erzählte mir, dass meine damals beste Freundin Esther allen verboten hatte, mit mir zu sprechen, weil es bei meinen Eltern unordentlich sei! Seitdem habe ich diese Marotte."

Daniela schaut Dalila verständnisvoll an. „Ist es nicht erstaunlich", meint sie, „wie erwachsen und erfolgreich wir Menschen im Laufe des Lebens werden können und dennoch lassen sich die Schatten der Vergangenheit nicht abschütteln?"

Das war für Dalila ein Stichwort. „Ich habe dir noch gar nicht von meinem tollen Erlebnis am letzten Sonntag erzählt!" In allen Einzelheiten berichtet sie von ihrer spannenden Begegnung mit dem alten Mann auf dem Flohmarkt. Natürlich erzählt sie auch davon, dass sie versprechen musste, das Buch nur zu bestimmten Anlässen aufzuschlagen. „Und das Verrückteste ist, dass es funktioniert!" Sie strahlt Dr. Agis an. „Jetzt habe ich von Montag bis heute wirklich eine eigenartige Woche gehabt. Aber die Märchen passten immer." Sie läuft los und zeigt ihrer Freundin das große, alte Buch. „Sieh mal! Das ist es!"

Dr. Agis betrachtet es ehrfürchtig und beeindruckt. Sie fährt mit den Fingern über das alte braune Leder und die vergoldeten Buchstaben. „Herzgeschichten – Märchen für Ihr Leben", murmelt sie.

Dalila bemerkt ihre Faszination und meint: „Schau, wir sitzen jetzt gemeinsam hier – und das ist ja auch ein besonderes Gefühl. Ich schlage es einfach auf und wir schauen einmal, welche Geschichte uns überrascht!"

Dr. Agis nickt sofort. Die Neugier steht ihr ins Gesicht geschrieben. Wie zwei kleine Mädchen, die gespannt auf das Christkind warten, setzen sich die beiden Frauen in ‚Position', Dali schlägt das Buch einfach an einer Stelle auf und beginnt laut zu lesen.

## Ich mag dich nicht

Ein Mädchen fragte einen Jungen:
„Magst du mich?" Er sagte: „Nein!"
„Findest du mich ‚hübsch'?" Er sagte: „Nein!"
„Bin ich in deinem Herzen?" Er sagte: „Nein!"
Als Letztes fragte sie: „Wenn ich von hier weggehen würde, würdest du um mich weinen?"
Er sagte wieder: „Nein!"
Sie wandte sich traurig ab, um zu gehen. Da packte er sie beim Arm und sagte:
„Ich mag dich nicht – ich liebe dich!
Ich finde dich nicht hübsch – ich finde dich wunderschön!
Du bist nicht in meinem Herzen – du bist mein Herz!
Ich würde nicht um dich weinen – ich würde für dich sterben!"

Dalila klappt das Buch zu. Beide schweigen einen bewegten Moment. „Wow!", ist das Einzige, was Dr. Agis zunächst sagt. Dali erzählt ihr aus der Erinnerung heraus die Geschichte von dem Studenten.
„Wir Menschen achten wirklich zu oft nicht auf die Worte. Erinnerst du dich noch an unseren Streit?"
Dalila nickt. Dr. Agis und sie haben einmal fast ein Jahr lang nicht miteinander gesprochen, weil Dalila etwas falsch verstanden hatte.
„Beide Geschichten zeigen doch die Kraft der Worte. Sieh nur, woran du dich aus deiner Kindheit erinnern kannst, sogar an Aussagen deiner Lehrer aus der Grundschule!"

Die beiden philosophieren den gesamten Abend darüber, welche Geschichte was sagen will und wie sie die Lehren daraus in ihr Leben transportieren und umsetzen können. Am Ende des Abends kommen beide zu nachfolgenden Schlüssen:

## Übungen zu Mittwoch

A. Wir achten auf unsere Worte und üben uns in sachlicher Kritik.

B. Wir lernen die Menschen erst einmal kennen, bevor wir über sie urteilen.

C. Nur weil ein anderer Mensch anders handelt oder anders denkt, ist er noch lange kein schlechter Mensch, sondern lediglich ein anderer Mensch. Wir begegnen ihm mit Neugier.

D. Wir prüfen, ob wir manchmal nicht nur das verstehen wollen, was wir meinen, und nicht das, was wirklich ausgedrückt werden soll.

E. Wir sind neugierig auf unsere Reaktionsmuster und erlernen sie, um in Zukunft mehr Handlungsvarianten zu haben.

## Übung 1: Erkennen Sie Ihre Lebensgeschichte

Im Folgenden finden Sie Übungen, die in erster Linie dem eigenen Erkennen dienen. Jeder Mensch hat seine eigene Lebensgeschichte. Wir alle sind selbst Verfasser unserer Lebensgeschichte. Schon im Mutterleib haben Sie begonnen, diese zu schreiben. Mit etwa vier Jahren standen die groben Umrisse fest.

Mit sieben war es dann so weit, dass Sie Ihre Geschichte mit allen wesentlichen Einzelheiten fertig hatten.

Anschließend, etwa im Alter von zwölf, haben Sie diese geglättet und hier und da ein paar besondere Einzelheiten eingefügt.

Als Jugendlicher haben Sie Ihre Geschichte schließlich überarbeitet und den Figuren große Realitätsnähe gegeben.

Heute sind Ihnen als erwachsene Person die Anfänge Ihrer Geschichte in Ihrem Bewusstsein nicht mehr direkt zugänglich. Und dennoch, auch ohne dass es Ihnen bewusst ist, wird sich wahrscheinlich die Geschichte, die Sie vor langer Zeit einmal ersonnen haben, in Ihrem Lebensvollzug verwirklichen. Diese Geschichte ist Ihr Lebensskript.

Dieses Skript ist wie ein spezifischer Fahrplan für Ihr Leben.

Das Kind entscheidet über den Lebensplan. Er wird nicht verhängt, sondern beschlossen.

Dazu ein Originalfall, der diese Aussage verdeutlicht. Zwei Brüder hatten von der Mutter ständig zu hören bekommen: „Du endest noch mal in der Anstalt!" Der eine wurde als Patient in eine psychiatrische Klinik eingewiesen, der andere wurde Psychiater. So erfüllten beide das in den Kindheitsjahren verankerte Lebensskript, wenn auch jeder auf seine eigene Art und Weise.

Wie können Sie Ihr Lebensskript erkennen?

Auch wenn Sie es noch nicht so recht glauben können, nehmen Sie doch einmal an, Sie haben eine solche Geschichte geschrieben, die heute Ihr Leben ist. Bitte notieren Sie Ihre Antworten auf folgende Fragen. Antworten Sie schnell, aus der Intuition heraus. Schreiben Sie immer das hin, was Ihnen als Erstes einfällt.

Wie heißt der Titel Ihrer Geschichte?
(z. B.: ‚Die, die lernt, alleine zu leben.')

Was ist es für eine Geschichte?
(z. B.: eine spannende, aber auch mit viel Herzschmerz)

Ist sie glücklich oder traurig?
(z. B.: Sie ist aufregend mit vielen Hürden.)

Nimmt sie ein gutes Ende oder ist sie tragisch?
(z. B.: Sie nimmt ein gutes Ende.)

Ist sie interessant oder langweilig?
(z. B.: Sie ist aufregend und spannend.)

Und jetzt schreiben Sie in ein paar Worten die Schluss-szene. Wie geht Ihre Geschichte aus?

(z. B.: Nachdem sie akzeptiert hatte, dass das Leben nur durch sie selbst beeinflusst wird, und sie bereit war, daran zu glauben, dass sie es schaffen würde, trat ihre große Liebe in ihr Leben.

Gemeinsam bewältigten sie alle Hindernisse und lebten bis an das Lebensende glücklich und zufrieden.)

Übung 2: Held oder Heldin

Welches ist Ihre Lieblingsfigur? Vielleicht jemand aus dem Kino, vielleicht aus einer Kindergeschichte, einem Buch oder einem Film? Vielleicht eine Person aus der Wirklichkeit? Nehmen Sie die erste Person, die Ihnen einfällt. Dann bitten Sie Ihren Partner, genau aufzupas-sen. Versetzen Sie sich in diese Figur. Fühlen, hören, sehen und riechen Sie wie diese Figur. Reden Sie über

sie so viel und so lange Sie mögen. Benutzen Sie dabei immer das Wort ‚ich'.
(z. B.: Ich bin Superman, immer rette ich Menschen, doch keiner erkennt mich. Nach der Rettung fühle ich mich oft einsam, aber dann fliege ich rasch wieder los und rette den nächsten Unglücklichen.
Oder: Ich bin Dornröschen. Bevor ich den Mann fürs Leben finde, muss ich vergiftet werden. Der Mann, der mich erobert, muss sich auch erst durch eine wilde Hecke, die zu meinem Schutz gewachsen ist, kämpfen und mich dann als Retter wachküssen.)

Übung 3: Geschichte oder Märchen

Sie können auch eine Geschichte erzählen. Nehmen Sie irgendeine, die Ihnen einfällt. Die erste Geschichte oder das erste Märchen, die/das Ihnen einfällt, ist die/das beste. Vielleicht ein Märchen aus der Kindheit oder eine Sage aus der Antike. (Womit fangen Märchen immer an? Es war einmal ... z. B. Das hässliche Entlein – sind Sie heute schon der Schwan?)

Welche Geschichte ist Ihnen zuerst eingefallen? Was folgern Sie daraus?

Übung 4: Gegenstand in einem Zimmer

Wählen Sie einen Gegenstand aus Ihrem Zimmer. Versetzen Sie sich in die Situation dieses Gegenstandes und sagen Sie etwas über sich selbst. Fangen Sie den Satz an mit: „Ich bin ... und habe die Aufgabe ...“
(z. B.: Ich bin eine Tür, mich kann man schließen, und wenn ich im Weg bin, schiebt man mich einfach beiseite.)

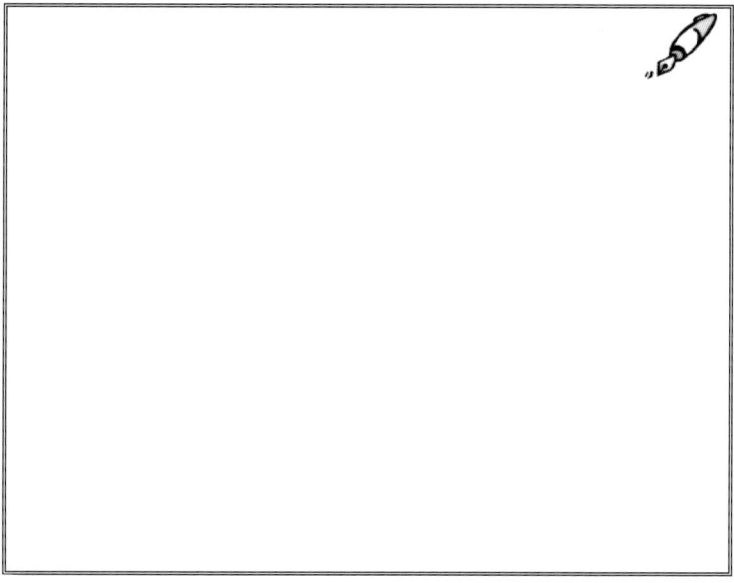

Wenn Sie erkennen, dass Sie eine vielleicht nicht so hilfreiche Lebensgeschichte haben, so entscheiden Sie sich als erwachsener, eigenverantwortlicher Mensch für eine andere!

## Negative Selbstaussagen verwandeln

Der erste Schritt liegt darin, seine eigenen negativen Selbstaussagen zu analysieren. Oft sind es Sätze, die uns als Kind eingeprägt wurden: „Du bist dumm!", „Das kannst du nicht" und viele, viele andere. Welche fallen Ihnen zu sich selbst ein. Was sagen andere zu Ihnen? Was sagen Sie zu sich selbst jeden Tag? Notieren Sie:

## Zusammenhang von Gedanken und Gefühlen

Gefühle erscheinen vielen Menschen beinahe wie Naturereignisse, die man (machtlos) hinnehmen muss. Doch weit gefehlt! Emotionen entstehen nicht nur aus dem Bauch heraus oder völlig unabhängig vom Kopf. Vielmehr beeinflussen unsere Gedanken und Vorstellungen unsere Gefühle in einem hohen Maße, ja, sie können sie auch erst erzeugen.

Stellen Sie sich folgende Situation vor:

Ein Uniprofessor kommt in Ihren Kurs und sagt: „Ich möchte heute einen Intelligenztest mit Ihnen machen, der nur für Hochbegabte geeignet ist. Ich rufe gleich einige von Ihnen auf."

Was würden Sie denken? Notieren Sie Ihre Gedanken.

Stellen Sie sich nun folgende fiktive Personen vor:

Jens: „Beim Intelligenztest schneide ich immer gut ab! Nur zu!"

Julia: „Oh je, meine analytische Intelligenz ist sehr schwach ... Wie stehe ich dann bloß vor dem Kurs da?"

Alex: „So ein Test ist ja schlimmer als eine Prüfung ... da weiß man ja gar nicht, worauf es ankommt!"

Barbara: „Mal sehen, was das für ein Test ist. Das kann ja ganz spannend werden ... Und ich kann auch noch etwas lernen!"

Was meinen Sie, welche Gefühle welche Person hat? Ordnen Sie zu:

*Hat Angst vor schlechtem Abschneiden und befürchtet, dass es peinlich wird.
Zugeordnete Person:

*Fühlt sich herausgefordert wie bei einem Wettkampf.
Zugeordnete Person:

*Empfindet Neugier und angenehme Herausforderung.
Zugeordnete Person:

*Verspürt heftige Aufregung, Herzklopfen und geistige Verwirrung.
Zugeordnete Person:

Unser Beispiel verdeutlicht, dass Sie sich mit Ihren Gedanken gute oder schlechte Gefühle schaffen können.

Sechs Schritte zur Selbstanalyse
- Auslöser erkennen:
Was macht mir Angst? Was blockiert oder hindert mich? Welche Gedanken gehen voraus? Mit welchen Gedanken mache ich mir selbst Angst?

- Den Gedanken kritisch überprüfen:
Trifft das wirklich zu? Ist der Gedanke angemessen und realistisch?

- Die Wirkung des Gedankens erkennen:
Fühle ich mich gut, wenn ich so denke? Ist der Gedanke geeignet, unerwünschte und störende Gefühle zu verhindern?

- Belohnung für die Analyse:
„Bravo, das ist der erste Schritt, um mich von der Angst zu befreien!"

- Positive Gegenargumente finden:
Du hast schon so vieles geschafft ... Kann es denn sein, dass ich wirklich gar nichts kann? Was kann ich denn machen, um positiver gestimmt zu sein?

- Maßnahmen gegen hartnäckige Gedanken:
Stopp – Innerer Befehl: „Hör jetzt auf, immer nur an die Sorgen zu denken, denke auch an deine Chancen."

Die Wende zur positiven Selbstbestärkung

| Negative Selbstaussage | Positive Selbstaussage |
|---|---|
| Ich kann mich nicht konzentrieren! | Meine Konzentration hat sich schon sehr gebessert! |
| Ich war noch nie gut in Prüfungen! | Die Vergangenheit ist irrelevant. Ich weiß, wie ich es diesmal besser machen kann. |
| Ich bin dumm! | Ich habe in meinem Leben schon so viele Dinge bewältigt. Das erfordert eine gewisse Intelligenz! |

Erweitern Sie die Liste um eigene Beispiele!

Zu guter Letzt ...

Richten Sie Ihre Gedanken nicht auf Fehler, Schwierig-keiten und Probleme der Vergangenheit. Das gibt ihnen eine zu große Bedeutung in der Gegenwart. Besser ist, Sie unternehmen etwas im ‚Hier und Jetzt'.
Hartnäckig wiederkehrende Gedanken über denselben Inhalt lassen sich stoppen. Sie sind tatsächlich dazu in der Lage und können es lernen.
Hilfreich sind die Übungen zu Dienstag und die Macht der Autosuggestion:
Sprechen Sie laut und deutlich jeden Tag Sätze, die für Sie passend sind. Notieren Sie sich Ihre eigene Auto-suggestion. Achten Sie dabei darauf, dass es positiv formulierte Sätze sind. (Bitte nicht schreiben, wie Sie es *nicht* wollen. Beispiel: „Ich bin nicht ängstlich!" Besser: „Ich habe Mut!") Hier einige Anregungen:

Ich vertraue mir
Ich schaffe es
Ich bin ruhig und gelassen
Ich bin mutig
Ich bin stark
Ich erreiche meine Ziele

Wissen Sie übrigens, wie in Indien die Elefanten ihres Glaubens an sich selbst beraubt werden?

Die jungen Elefantenbabys werden an schwere Eisenketten gebunden. In der ersten Zeit versuchen die Kleintiere ständig, durch Zerren an den Ketten die Freiheit zurückzuerlangen. Irgendwann geben sie auf. Die ausgewachsenen Elefanten werden nur noch mit Strohbändern angebunden. Es wäre ein Leichtes für sie zu fliehen – doch sie glauben nicht mehr daran.

(Lesen Sie hierzu auch die Geschichte „Der Adler" auf S. 16)

## Donnerstag

Die Schulglocke läutet. Hunderte von Schülern stürmen in die Klassenräume der Berufsschule Osnabrück, das Gemurmel der vielen Stimmen bündelt sich zu Lärm. Dalila steht inmitten des vermeintlichen Schulchaos' und freut sich auf die nächsten zwei Stunden. Schon seit vielen Jahren betreut sie ehrenamtlich einige Schulen in der Region, indem sie ihre kostenlose Mitarbeit in Klassen zu verschiedenen Themen anbietet. Mal geht es um Integration von Außenseitern, mal darum, aus einer Klasse ein Team zu formen, und ein anderes Mal handelt es sich um ein Training mit Schul- und Arbeitsverweigerern. Diese Arbeit an der Schule verfolgt immer das gleiche Ziel: Den Schülern Perspektiven und Möglichkeiten aufzuzeigen und ihnen Selbstvertrauen zu vermitteln. Heute geht es darum, die Schüler für Bewerbungsgespräche zu schulen, sie stärker für den Einstieg in das Berufsleben zu motivieren.

Die Klassenlehrerin stellt Dalila Habib vor. Die Schüler ‚singen' mechanisch im Chor: „Guten Morgen, Frau Habib!" Dalila lächelt. „Hallo! Da ich keine Lehrerin bin, dürft ihr mich duzen. Ich heiße Dalila!" Sie sieht, wie die Schülerinnen und Schüler zum ersten – und wie sie weiß – nicht zum letzten Mal verblüfft sind. „Bevor wir anfangen, habt ihr Fragen zu meiner Person? Ihr dürft mich alles fragen, was ihr wollt, und ...", Dalila macht eine Pause und beobachtet die Schüler, da sie weiß, dass in ihrem nächsten Satz schon eine Menge Lernerfahrung für die Schüler steckt, „... und ich entscheide selbst, ob ich antworte!" Sie lächelt die Schüler an. „Woher kommt dein Name? Bist du Ausländerin?" Aus der hintersten Reihe ruft ein Junge, die Sportkappe auf dem Kopf, demonstrativ auf seinem Kaugummi kauend – seine Haltung auf dem Stuhl ist reine Provokation. „Ahmet! Kappe runter, Kaugummi raus und setz dich gerade auf den Stuhl", fordert die Klassenlehrerin ihn mit strenger Stimme auf. „Lassen Sie ihn ruhig!" Dali schaut die Lehrerin mit scharfem Blick an. Abgesprochen ist, dass sie den Unterricht allein gestaltet. „Ich bin halbe Ausländerin. Mein Vater ist Tunesier und meine Mutter Deutsche. Woher kommst du?" „Aus Marokko!" „Wieso beantwortest du nicht alle Fragen, die wir dir stellen wollen?", fragt ein Mädchen aus der ersten Reihe. „Gut, dass du das fragst. Daraus könnt ihr nämlich schon etwas lernen. Ich weiß, dass nur ich über mein Leben entscheiden kann. Wenn ich nicht entscheide, dann macht es jemand anderes. Und das will ich nicht!" Dalila sieht das Staunen und auch die Zweifel in den Gesichtern. Ahmet hat etwas gefunden. „Ey, und wenn ich jetzt zu dir sage, dass ich dich scheiße finde, was machst du dann?" Ahmet testet Dalilas Reaktion. „Das ist eine gute Frage!" Ahmet ist still und alle anderen sehen gespannt zu, wie Dalila einen dicken Stift in die Hand nimmt und ihn Ahmet zuwirft. „An diesem Stift hängt jetzt der Satz: Ich finde dich scheiße. Wirf ihn mir noch mal zu – und benutze dabei deine Worte!" Ahmet wirft sprechend den Stift Dalila zu. Diese fängt ihn auf. „Seht ihr, ich habe den Stift jetzt gefangen. Also nehme ich das, was ein anderer über mich sagt, als mein eigenes an." Dali wirft den Stift wieder zurück. „Schmeiß ihn mir noch mal zu. Genauso wie eben!" Ahmet wirft wieder. Doch Dalila lässt den Stift an sich abprallen. „Ich muss den Stift aber nicht annehmen." Alle Schüler schauen gespannt auf Dalila. „Nur weil ein anderer Mensch etwas sagt, ist es doch lange noch nicht richtig, oder?" Allgemeines Nicken macht die Runde. „Ihr kennt das doch auch. Ihr legt vielleicht viel Wert auf eure Kleidung – und schon sagt irgendjemand über euch: Ihr seid arrogant. Kennt euch diese Person denn? Entscheidet doch selbst, was ihr von dem annehmen wollt! Seid wirklich erwachsen und entscheidet euch. Ich mache es immer so: Wirft mir ein Mensch einen Stift zu, so lege ich den Stift gedanklich vor mich auf ein Tablett und frage mich, warum die Person so etwas über mich denkt. Es kann ja auch sein, dass ich mich dumm oder ungeschickt verhalten habe. Was kann ich dann tun?" Viele Arme schießen in die Höhe. Dali zeigt auf ein schüchternes Mädchen, das allein sitzt. „Wie heißt du?" „Anja." „Anja, was meinst du, was kann ich dann machen?" „Du könntest dich entschuldigen!" „Genau!" Stille im Klassenzimmer. „Oder findet das jemand von euch uncool?" Einige nach unten gerichtete Blicke verraten ihr, dass die Schüler genau das denken. „Liegt wahre Stärke nicht darin, zu seinen Fehlern zu stehen? Sich zu entschuldigen ist viel stärker, als immer nur darüber hinwegzusehen. Gestern habe ich eine tolle Geschichte gelesen. Als ich mich für heute vorbereitet habe, fand ich sie in einem ganz besonderen Buch. Ich habe sie euch mitgebracht." „Cool, Märchentante, wa' ..." Dalila beachtet

diesen Zuruf einfach gar nicht. Sie nimmt ihr Märchenbuch und beginnt, laut zu lesen.

## Unterrichten

Ihr Name war Mrs. Thompson. Als sie am ersten Schul-
tag vor der fünften Klasse stand, erzählte sie den Kindern eine Lüge. Wie es fast alle Lehrerinnen machen,
schaute sie auf ihre Schüler und sagte ihnen, dass sie sie
alle gleichermaßen liebe. Dies war natürlich nicht wahr,
denn in der ersten Reihe hing ein kleiner Junge na-
mens Teddy Stoddard krumm auf seinem Stuhl.
Mrs. Thompson hatte Teddy schon im Jahr zuvor genau
beobachtet und festgestellt, dass er kaum mit den anderen Kindern spielte, unsaubere Kleidung trug und offen-
bar nur sehr selten in den Genuss einer Dusche kam.
Außerdem konnte Teddy sehr unangenehm werden. Es
kam schließlich so weit, dass Mrs. Thompson es sogar
genoss, seine Arbeiten mit einem dicken roten Stift zu
korrigieren, das von ihm Geschriebene durchzustrei-
chen und ihm schlechte Noten zu geben.
In der Schule, an der Mrs. Thompson lehrte, war es
ihre Pflicht, die Unterlagen jedes Kindes genau
durchzusehen. Sie beschloss, sich Teddys Schülerakte
erst als Letztes vorzunehmen. Als sie sich schließlich
seinen Unterlagen widmete, erlebte sie eine Überraschung.
Über seine Leistungen in der ersten Klasse hatte Teddys damalige Lehrerin geschrieben: „Teddy ist ein
intelligentes Kind mit freundlichem Lächeln. Er arbei-

tet sorgfältig und zeigt gute Manieren. Es ist eine Freude, ihn um sich zu haben."

Über sein Verhalten in der zweiten Klasse stand zu lesen: „Teddy ist ein ausgezeichneter Schüler und seine Mitschüler mögen ihn sehr. Doch er ist traurig, weil seine Mutter an einer tödlichen Krankheit leidet und das Leben zu Hause sehr schwierig ist."

Über seine Leistungen in der dritten Klasse schrieb seine ehemalige Lehrerin: „Der Tod seiner Mutter war für Teddy ein schlimmes Erlebnis. Er versucht, sein Bestes zu geben, doch sein Vater zeigt kaum Interesse. Sein häusliches Umfeld wird sich schon bald negativ auf seine Leistungen auswirken, wenn nichts geschieht, um ihm zu helfen."

Über die vierte Klasse hieß es: „Teddy ist in sich zurückgezogen und zeigt kaum Interesse an der Schule. Er hat kaum Freunde und schläft manchmal während des Unterrichts ein."

Nun hatte Mrs. Thompson das Problem erkannt. Sie schämte sich für ihr eigenes Verhalten.

Noch schlimmer fühlte sie sich, als ihre Schüler wunderschön verpackte Weihnachtsgeschenke für sie mitbrachten.

Nur Teddys Geschenk war plump eingewickelt in eine schwere braune Papiertüte, wie man sie in Lebensmittelläden erhält. Mrs. Thompson achtete darauf, Teddys Geschenk inmitten all der anderen Geschenke zu öffnen – weder als Erstes noch als Letztes.

Einige der Kinder lachten, als sie ein Rheinkiesel-Armband, an dem einige Steine fehlten, und eine nur zu einem Viertel gefüllte Parfümflasche sahen. Doch sie rügte die Kinder für ihr Lachen, indem sie verkündete, wie schön das Armband sei. Sie legte es um und sprühte etwas von dem Parfüm auf ihr Handgelenk.

Teddy Stoddard blieb an jenem Tag nach dem Unterricht lange auf seinem Platz sitzen, um ihr zu sagen: „Mrs. Thompson, heute haben Sie so gerochen wie früher meine Mutter."

Nachdem die Kinder nach Hause gegangen waren, weinte sie mindestens eine Stunde. An jenem Tag hörte sie auf, Lesen, Schreiben und Rechnen zu lehren. Stattdessen begann sie damit, die Kinder zu unterrichten.

Mrs. Thompson achtete fortan ganz besonders auf Teddy. Wenn sie mit ihm arbeitete, schien sein Geist förmlich aufzublühen. Je mehr sie ihn ermutigte, umso schneller arbeitete er. Am Ende des Jahres war Teddy einer der besten Schüler der Klasse. Und trotz ihrer Behauptung, sie würde alle Kinder gleichermaßen lieben, wurde Teddy einer ihrer ganz besonderen Lieblingsschüler.

Ein Jahr später fand sie einen Zettel, der unter ihrer Tür hindurchgeschoben worden war. Der Zettel war von Teddy, der ihr mitteilte, sie wäre die beste Lehrerin, die er in seinem ganzen Leben je gehabt hätte.

Sechs Jahre vergingen, bis sie eine weitere Nachricht von Teddy erhielt. Diesmal schrieb er ihr, dass er die High School abgeschlossen hätte, als Drittbester seiner Klasse, und dass sie noch immer die beste Lehrerin wäre, die er in seinem ganzen Leben gehabt hätte.

Weitere vier Jahre später erhielt sie erneut eine Nachricht von Teddy. Er schrieb ihr, dass er bald mit den besten Noten seinen College-Abschluss erhalten würde. Es wäre zwar manchmal anstrengend gewesen, doch er hätte durchgehalten. Er versicherte Mrs. Thompson, sie wäre noch immer die beste Lehrerin, die er in seinem ganzen Leben jemals gehabt hätte.

Weitere vier Jahre vergingen und abermals kam ein Brief von Teddy. Diesmal teilte er ihr mit, er hätte noch etwas weiterstudiert, nachdem er seinen Bachelor-Abschluss erhalten hätte. In dem Brief erklärte er, sie wäre noch immer seine Lieblingslehrerin. Sein Name war nun etwas länger. Den Brief hatte er unterschrieben mit: Dr. med. Theodore F. Stoddard.

Und das ist noch nicht das Ende der Geschichte.

Im Frühjahr desselben Jahres erhielt Mrs. Thompson einen weiteren Brief. Teddy schrieb ihr, er hätte seine große Liebe gefunden und würde bald heiraten. Er teilte ihr mit, dass nun auch sein Vater vor einigen Jahren gestorben wäre. Er würde sich sehr darüber freuen, wenn Mrs. Thompson auf der Hochzeit den Platz einnehmen würde, der normalerweise für Teddys Mutter reserviert gewesen wäre.

Natürlich willigte Mrs. Thompson ein. Auf der Hochzeit trug sie das Armband, an dem einige Steine fehlten. Und sie verwendete jenes Parfüm, das Teddy an seine Mutter und ihr letztes gemeinsames Weihnachtsfest erinnerte. Sie umarmten einander und Dr. Stoddard flüsterte in ihr Ohr: „Vielen Dank, Mrs. Thompson, dass Sie an mich geglaubt haben. Ich danke Ihnen dafür, dass Sie mir das Gefühl gaben, wichtig zu sein, und mir zeigten, dass ich etwas beizutragen habe."

Mit Tränen in den Augen flüsterte Mrs. Thompson zurück: „Teddy, du siehst es ganz falsch. Du bist derjenige, der mir gezeigt hat, dass ich etwas beizutragen habe. Ich wusste nicht, wie man unterrichtet, bis ich dich getroffen habe."

Im Klassenzimmer ist es ganz still geworden.

„Wisst ihr", beginnt Dalila mit ruhiger Stimme, „wir Menschen sind eigenartige Wesen." Sie lächelt die Schüler an. „Wir Menschen benötigen zu unserem Leben neben unseren Grundbedürfnissen wie Wasser, Nahrung und anderem im Wesentlichen zwei Dinge, ohne die wir sterben würden – Zugehörigkeit und Beachtung. Ein Mensch, der keine Zugehörigkeit mehr hat, ist ein Selbstmörder. Er ist für keinen Menschen auf dieser Welt mehr wichtig, so meint er zumindest, und entscheidet sich deshalb zu gehen.

Wir Menschen unternehmen zudem alles, um von anderen beachtet zu werden – zum Beispiel mit Stühlen kippeln, Mützen tragen, Kaugummi kauen, streiten und vieles mehr." Dali beobachtet, wie Ahmet sich gerade hinsetzt. „Was wünscht ihr euch, wann wollt ihr gesehen werden? Wenn ihr Blödsinn macht – oder wäre es nicht schön, wenn ihr gesehen würdet, wenn ihr ein Lob verdient habt?" Die Klasse ist still. „Passt auf! Wir machen eine Übung zusammen. Notiert bitte einmal, was ihr euch wünscht, was andere über euch sagen sollen!"

Die Schüler schreiben alle.

„Nun lasst hören, was ihr aufgeschrieben habt!"
Die Jugendlichen lesen ihre Antworten vor: „Freundlich, cool, kann man sich drauf verlassen, macht was aus seinem Leben, hat keine Vorurteile, tolerant, respektvoll, ehrlich, ein echter Freund …"
„Okay. Was unternehmt ihr dafür, dass andere Menschen das über euch sagen können?" Schweigen. „Warum hat hier keiner geschrieben: Ich will, dass alle über mich sagen, dass ich nur störe und nur Unsinn mache? Wieso hat keiner von euch geschrieben, dass er sich wünscht, dass die anderen über ihn sagen, er sei ein blöder Säufer, der ständig prügelt?"
Jetzt sind die Schüler betroffen.
„Wenn ihr wollt, dass die Menschen das über euch sagen, was ihr notiert habt, dann entscheidet euch auch dafür, danach zu leben! Oder wollt ihr wirklich die negative Beachtung bekommen? Ihr könnt was! Glaubt an euch und zeigt es den anderen! Ich habe es auch getan." Dalila erzählt den Jugendlichen Erlebnisse aus ihrer Schulzeit und verdeutlicht, dass auch an sie nie jemand geglaubt hat. „Ich habe mir aber irgendwann geschworen, dass ich mir mein Leben nicht von anderen Menschen zerstören lasse, denn es ist mein Leben – und das soll gefälligst schön sein! Dafür unternehme ich auch allerhand. Glaubt mir, auch ich möchte manchmal einfach alles hinschmeißen. Komme ich damit weiter? Nein. Also! Hintern in Bewegung! Glaubt an euch und sucht euch Menschen, die das auch tun. Jeder von uns hat irgendein Talent – sucht es! Denkt dabei immer an das Gesetz der Resonanz: Was ihr gebt, kommt zurück.

Also seid selber respektvoll und ihr werdet Respekt erfahren. Geht höflich mit den Menschen um und ihr werdet Höflichkeit erfahren. Sendet Gewalt aus und ihr werdet Gewalt erfahren. Das Leben ist ganz einfach. Ihr müsst nur zugreifen. Ihr habt Menschen um euch, die euch dabei unterstützen. Hier an der Schule eure Lehrer, die Sozialarbeiter, vielleicht eure Familien oder ihr meldet euch bei mir. Per Telefon oder E-Mail. Sucht immer nach Lösungen, die euch zu dem Menschen werden lassen, der ihr gerne sein wollt. Wer ihr sein wollt – das entscheidet niemand anderer außer ihr selbst!"

Die Klasse staunt. „Habt ihr Fragen?" Dali schaut in die Gesichter. Es ist schön, den Kids dabei helfen zu können, mehr an sich zu glauben. Ahmet hat eine Frage: „Was kann ich unternehmen, um eine Persönlichkeit zu werden?"

## Übungen zu Donnerstag

Eine echte Persönlichkeit hat Folgendes verinnerlicht:

1. Behandeln Sie andere Menschen so, wie Sie selbst behandelt werden wollen.

2. Leben Sie dankbar. Notieren Sie alle Menschen, denen Sie dankbar sind (Eltern, Lehrer, Freunde, Feinde – vielleicht haben diese Sie angetrieben, etwas für sich zu tun).

3. Loben Sie die Menschen, wenn sie etwas richtig machen.

4. Versöhnen Sie sich. Wut ist ein Energieräuber und schlechter Lebensbegleiter. Lassen Sie der Versöhnung Platz und Sie werden selbst viel Frieden und innere Ruhe finden.

Eine schöne Übung dazu ist die Liebesbrieftechnik, die Sie in meinem Buch ‚Das Wüstenseminar' finden.

Für alle Versöhnungsübungen nutzen Sie folgendes Zitat von Martin Luther King als gedankliche Überschrift: „Wie willst du einem anderen die Hand reichen, wenn sie zur Faust geballt ist?"

Möglichkeiten zur inneren Ruhe durch Versöhnung sind:

## 1. Wissen

Um sich zu versöhnen, hilft zunächst Wissen über Menschen. Für jeden Konflikt gilt, dass er etwas mit Ihnen selbst zu tun hat. Ein Konflikt entsteht niemals allein von einer Seite. Machen Sie sich vielmehr folgendes Wissen zu eigen:

Wenn ich einen anderen Menschen nicht mag, so hat das immer etwas mit mir zu tun und ist in folgenden Gründen verborgen:

a. Der Mensch, den ich nicht mag, hat Eigenschaften, die ich selber gerne hätte.
Hier finden Sie das typische Konkurrenzdenken. Sie werden spüren, in dem Augenblick, in dem Sie erkennen, was Sie an der Person stört, sind Sie sogar in der Lage, ihm Anerkennung dafür auszusprechen.

b. Der Mensch, den ich nicht mag, hat eine Eigenschaft, die ich an mir selbst nicht mag.
Spüren Sie, wie Ihr Gegenüber Ihnen einen Spiegel vorhält, und Sie aus diesem Grund so ,allergisch' auf die Person reagieren.

c. Der Mensch, den ich nicht mag, erinnert mich an eine andere Person, die ich nicht mag.
Das ist die Macht der Projektion.

Auch wenn Sie im ersten Moment bei den Menschen, die Sie nicht sonderlich schätzen, die typische Reaktion in sich verspüren ‚Mit dieser Person habe ich keine Gemeinsamkeiten, ich besitze andere Eigenschaften!', so nehmen Sie sich dennoch einmal die Zeit, es in Ruhe zu analysieren. Hilfreich dabei ist unter anderem der Versöhnungsnavigator.

## 2. Versöhnungsnavigator

Der Versöhnungsnavigator hilft Ihnen, Konflikte klarer zu sehen und störende Emotionen herauszufiltern, um Platz für Ruhe und Versöhnung zu schaffen. Analysieren Sie, um welchen Konflikt es wirklich geht.
Zunächst beantworten Sie sich folgende Fragen:
Die wichtigste gleich zu Beginn: Will ich streiten oder einen Konflikt lösen? Wenn Sie streiten wollen, so ist das völlig in Ordnung, wenn Sie sich darüber im Klaren sind. Versöhnung gelingt nur, wenn Sie sie auch wollen. Diese Frage ist gut geeignet, um akute Konfliktsituationen zu entschärfen. Konfrontieren Sie Ihr Gegenüber einfach mit der Frage, ob es streiten will.
Fragen Sie sich weiter:
Was hat dieser Konflikt mit mir zu tun?
Was ist mein Anteil an diesem Konflikt?
Worum geht es wirklich?
Was ärgert mich?
Was verletzt mich?
Wofür möchte ich mich entschuldigen?
Wofür bin ich der Person dankbar?

Spüren Sie, wie angenehm die Versöhnung ist, wie sie für Ruhe sorgt?

Bei allen Konflikten oder jedem Ärger hilft eines immer: Schreiben.

Legen Sie sich ein doppeltes Tagebuch an. Im hinteren Teil notieren Sie, was Sie ärgert. Sie können auch einen fiktiven Brief an die Person schreiben, über die Sie sich geärgert haben. Dann ist erst einmal der innere Druck verschwunden. In dem Augenblick, in dem Sie den schlechten Gefühlen auf einem Stück Papier Raum geben, ist bei Ihnen wieder Platz für neue, versöhnende Gefühle vorhanden. Schlucken Sie Ihren Ärger nicht hinunter, das bringt Ihnen nur psychosomatische Bauchschmerzen. Achten Sie stattdessen lieber darauf: Schreiben ist therapeutisch gesehen viel sinnvoller als Sprechen. Im vorderen Teil des Tagebuchs notieren Sie Ihre täglichen Diamanten, alle Dinge, über die Sie sich gefreut haben. Dann, wenn Sie mal wieder an einem Tiefpunkt angelangt sind, schauen Sie sich Ihre Diamanten an!

Achten Sie auch auf Ihre Gedanken. Oft mögen wir Menschen nicht, weil sie anders sind als wir selbst. Unsere Vorurteile sind nichts anderes als hinderliche Glaubenssätze. Wenn wir nur das Thema ‚Pünktlichkeit' betrachten. Hierzulande ist sie eine Tugend. In Afrika gibt es einen Stamm, der durch Unpünktlichkeit die Wichtigkeit eines Geschäftes dokumentiert. Das bedeutet, wenn Sie in diesem Stamm zu einem geschäftlichen Termin pünktlich erscheinen, dann signalisieren Sie dem Gegenüber, dass

Ihnen das Geschäft nicht wichtig ist. Jeder sieht die Welt durch eine Brille, die für seine Augen passt. Jedoch gilt, dass der eigene Horizont nicht der Horizont der Welt ist! Bestimmt kennen Sie folgende Anekdote zu diesem Thema.

In Indien gehen sieben Blinde durch die Straßen und stoßen auf einen Elefanten. Der erste Blinde hat ein Elefantenbein erwischt und schildert den anderen, wie ein Elefant aussieht: „Ein Elefant ist wie eine Säule, stämmig und stabil." Derjenige, der den Rüssel zu fassen bekommt, sagt: „Nein, nicht wie eine Säule – das ist doch falsch. Ein Elefant ist eher wie ein Schlauch, innen hohl und zudem beweglich." Und der Blinde, der den Bauch zu fassen bekommt, sagt: „Also beweglich und Schlauch – stimmt alles nicht. Ein Elefant ist wie eine Kugel." Da widerspricht der, der das Ohr hat: „Nein, er ist wie ein Segel, flach und beweglich." Und derjenige, der den Schwanz in der Hand hält, sagt: „Niemals wie ein Segel. Er ist wie ein großer Pinsel, nur sehr viel rauer." Jeder schildert etwas anderes. Jeder hatte aber auch ein Stückchen der Wahrheit erhascht. Doch jeder glaubt, er hat die ganze Wahrheit erfahren. Würden sie ihre Erkenntnisse zusammengefügt haben, wäre vielleicht das gesamte Bild zum Vorschein gekommen. Aber da jeder nur danach urteilt, was er kennt – sein kleines Stück Wahrheit –, glaubt er irrtümlicherweise, seine Wahrheit sei die richtige und der andere sehe alles falsch. Auf diese Weise hatte keiner der sieben Blinden überhaupt eine Chance, die Wahrheit zu erkennen.

## 3. Perspektivenwechsel

Die australischen Aborigines haben eine schöne Zeremonie gefunden, um sich zu versöhnen. Die beiden Konfliktpartner setzen sich abends an ein Lagerfeuer, jeder an seinen Platz. Dann meditieren sie darüber, wer sie sind, welche Stärken sie haben, was sie mit diesem Konflikt erreichen wollen und was ihre Ziele sind. In der Mitte der Nacht wechseln sie die Plätze und meditieren im Leben des anderen. Was sind die Stärken des Gegenübers, was möchte er erreichen, welches sind seine Ziele und so weiter. Am nächsten Morgen stehen die Konfliktpartner auf und geben sich die Hand. Der Konflikt ist erledigt.

Betrachten auch Sie die Welt einmal durch die Augen des Gegenübers. Die wichtigste Voraussetzung für einen fairen Konfliktpartner ist die Fähigkeit, die Perspektive zu wechseln. Sie werden schneller Verständnis für die andere Person haben. Nutzen Sie die folgenden drei Positionen zur Analyse:

1. Die eigene Perspektive

Das bedeutet, dass Sie sensibel für Ihre eigenen Gefühle und Bedürfnisse sein sollten. Sie sollten Ihre Gefühle wahrnehmen, ein Bewusstsein für Ihre persönlichen Ziele und Interessen haben sowie Ihre eigenen Stärken und Schwächen in der Interaktion kennen.

2. Die Perspektive der anderen Partei

Hier sollten Sie sich in die Lage des anderen hineinversetzen können. Dazu benötigen Sie sensibles Einfühlungsvermögen.

3. Die Position des neutralen Dritten
In dieser Position sollten Sie sich vom Geschehen distanzieren können und es gleichsam von außen betrachten.

---

**ICH**

Welche Gefühle habe ich? Wut? Angst?
- Was ist eigentlich mein Ziel?
- Welche Risiken sind vorhanden?
- Will ich den anderen zwingen
  oder überzeugen?

---

**NEUTRALER BEOBACHTER**

Wie würde ein Beobachter unsere Lage sehen?
- Hat er den Eindruck, dass wir die Situation klären wollen?
- Gebärden wir uns wie wütende Kampfhähne?
- Verschwenden wir unsere Zeit oder verfolgen wir noch unsere Ziele?

---

**DU**

- Was hält der andere für richtig?
- Was will er erreichen?
- Was würde ich an seiner Stelle erreichen wollen?
- Welche Gefühle hat er?
- Welche Risiken sieht er?

---

„Zum Abschluss lasst mich euch noch eine Geschichte erzählen. Welche es ist, das weiß ich auch nicht. Ich schlage mein Märchenbuch einfach auf und schaue, welche Geschichte es uns schenkt."

Die Schüler setzen sich bequem hin. Sie sind erschöpft von dieser völlig anderen Art des Unterrichts und dennoch strahlen ihre Gesichter. Sie haben Wege gefunden. Das macht Dalila sehr glücklich.

## Der Magier

Vor sehr langer Zeit lebte in einem Dorf ein alter, weiser Magier. Er besaß den Ruf, auf alle Fragen, die ihm gestellt wurden, eine richtige Antwort zu wissen.

Die Jugendlichen im Dorf wollten dem Magier einen Streich spielen. Sie überlegten sich eine Falle, damit er diesmal keine richtige Antwort finden würde. Sie würden einen kleinen Vogel fangen, ihn in der Hand halten und den Magier fragen, ob der Vogel tot oder lebendig sei. Würde der Magier antworten, dass der Vogel lebt, so würden sie die Hände zusammenpressen, sodass der Vogel tot und die Antwort des Magiers falsch wäre. Würde der alte, weise Mann antworten, dass der Vogel tot wäre, so wollten sie den lebendigen Vogel fliegen lassen. Der Magier konnte also nur eine falsche Antwort geben.

Kaum war der Plan ausgedacht, hatten sie auch schon einen Vogel gefangen. Voller Schalk machten sich die Jugendlichen auf den Weg zur Hütte des Magiers. Dort angekommen, fragten sie ihn: „Lieber alter, weiser Magier, dieser Vogel, den wir in unseren Händen halten, ist er tot oder lebendig?"

Der greise Mann schaute die Kinder milde lächelnd und mit der Weisheit eines alten, erfahrenen Magiers an und antwortete: „Ob dieser kleine Vogel leben wird oder sterben – das, meine Lieben, liegt ganz alleine in eurer Hand!"

## Freitag

‚Ja! Geschafft! Jetzt bin ich endlich unter den Top 100 der Unternehmensberater!' Dalila ist stolz auf sich, als sie den Katalog erhält, in dem die 100 besten Unternehmensberater aus Deutschland, der Schweiz und Österreich aufgeführt sind. Sofort blättert sie ihn durch. Sie liest die Namen der arrivierten und bekannten Trainer und bemerkt, wie die Stars der Szene im Katalog hervorgehoben werden – und sie ist nicht dabei. Schon ist ihr eben noch so großer Stolz auf das Erreichte verschwunden. Der Kritiker in ihr setzt sich durch. Er nagt und spricht laut: „Du wirst nie an die Spitze kommen. Du hast mit deinem Buch ja noch nicht einmal einen Bestseller gelandet. In den Medien bist du auch viel zu wenig, deine Tagessätze sind nicht hoch genug, die Leute nehmen dich doch gar nicht ernst. Sieh zu, dass du endlich besser wirst."

Das Telefon klingelt. Ein bekannter Kollege ruft an. „Hallo Dalila. Wir sind zusammen auf einem Kongress in Kassel. Was genau machst du dort eigentlich?"

Dalila wird sofort vorsichtig. ‚Wieso ruft er mich an? Was will er wirklich?' Ihre Gedanken sind auf Warnung eingestellt. „Das verrate ich nicht. Es wird eine Premiere und soll eine Überraschung werden!"

Dalila ist freundlich, aber bestimmt. Sie spürt, dass ihre Aussage auf Missfallen trifft. „Sag doch. Mir wurde erzählt, dass du meine Inhalte vermitteln willst!"

Jetzt versteht Dalila. Sie will keinen Ärger und beschwichtigt. „Du, das sind doch nur in die Welt gestreute Gerüchte, um künstlich eine Konkurrenzsituation zwischen uns beiden herzustellen. Das ..." Dalila kann nicht weitersprechen. Der Kollege unterbricht sie hart und mit barschem Ton: „Wir beide sind doch meilenweit voneinander entfernt. Wir sind keine Konkurrenten. Ich bin Mister Persönlichkeit, und du bist ein Niemand. Dich kennt doch keiner. Aber dann weiß ich ja, wie ich dich einzuschätzen habe. Ich will dich zukünftig auf keinem meiner Seminare mehr sehen."

Dalila sitzt erschrocken da. Was war denn jetzt passiert? Sie meinte es doch überhaupt nicht böse. Eine weitere Kerbe ist in ihr Selbstbewusstsein geschlagen. ‚Ich bin ein Niemand.'

13.00 Uhr – Termin mit einem Regisseur, um das nächste Event vor 3.000 Menschen zu planen. Dalila hat den Anspruch an sich selbst, immer etwas Neues, Besonderes und Spannendes zu entwickeln. Sie will, wenn sie einen Vortrag hält, etwas bieten, das es so noch nicht gab! Für dieses Mal hat sie sich eine Show überlegt. Persönlichkeitstraining – mal ganz anders. Sie will mit Schauspielern zusammenarbeiten und eine Art Theaterstück aufführen.

„Naja, um diese Idee umzusetzen, benötigt man mindestens ein halbes Jahr Vorbereitungszeit ... und so, wie Sie sich das gedacht haben, funktioniert es ohnehin nicht. Das ist viel zu flach und nicht emotional genug. Wenn Sie das wirklich gut hinbekommen wollen, müssen Sie mindestens ... sagen wir mal, etwa 11.000 Euro investieren. Für diese Summe will ich das gerne für Sie machen." ‚Puh, das sind zu hohe Investitionen. Mist, wie mache ich das jetzt?' Dalila grübelt. Viel Zeit hat sie jedoch nicht mehr.

Die Post muss bearbeitet werden. Es ist ein Brief von ihrem Marketing-Berater dabei. Er teilt ihr mit, dass die DVD, die sie extra für ein Kleinvermögen hat erstellen lassen, von der Tonqualität nicht gut genug sei, um sie auf der Website zu präsentieren.

‚So! Das reicht für heute an schlechten Nachrichten. Ich fahre jetzt hinaus zu den Pferden.' Der Gedanke war noch nicht ganz zu Ende gedacht, schon saß sie samt Hund, Buch, etwas zu knabbern und zu trinken im Auto.

‚Ist das schön friedlich', denkt sie, als sie bei den Pferden auf der Wiese in den Sonnenuntergang schaut. Fienchen liegt wieder einmal zu ihren Füßen und schaut mit verträumten Hundaugen ebenfalls in den Sonnenuntergang. ‚Wie schön alles sein kann ... Warum habe ich mich heute bloß wieder so herunterziehen lassen? Ich denke immer, ich bin nicht gut genug, besitze noch nicht genug, schaffe noch nicht genug. Dabei bin ich hier mit den Tieren in der Natur völlig zufrieden.'

Wie schon so oft in dieser verrückten Woche greift sie sich das Buch und öffnet es.

## Mit Geld

Mit Geld kannst du ein Haus kaufen –
                aber kein Zuhause.
Mit Geld kannst du eine Uhr kaufen –
                aber keine Zeit.
Mit Geld kannst du ein Bett kaufen –
                aber keinen Schlaf.
Mit Geld kannst du einen Arzt kaufen –
                aber keine Gesundheit.
Mit Geld kannst du eine Position kaufen –
                aber nicht Respekt.
Mit Geld kannst du Blut kaufen –
                aber nicht Leben.
Mit Geld kannst du Sex kaufen –
                aber nicht Liebe.

Nicht zu bekommen, was du willst,
                ist manchmal ein Glücksfall.

Persönliche Re-Vision

Prüfen Sie, wie es Ihnen in Ihrem Leben gefällt.

| Persönliche Re-Vision | |
|---|---|
| *Lebenszweck*<br>Wie sieht die gegenwärtige Realität in Bezug auf mein Lebenswerk und meine größte Hoffnung aus? Was hat sich geändert? | |
| *Selbstbild*<br>Wie sieht mein gegenwärtiges Selbstbild aus? Inwiefern hat sich meine Vision von dem Menschen, der ich gerne sein möchte, geändert? | |

| | |
|---|---|
| *Greifbare Ziele*<br>Wie ist es um meinen materiellen Besitz bestellt – gemessen an meiner Vision? | |
| *Wohnung*<br>Wo lebe ich jetzt? Was hat sich an der Vision meiner Lebensumwelt verändert? | |
| *Gesundheit*<br>Wie ist es um meine Gesundheit, Fitness und sonstige körperliche Befindlichkeit bestellt? | |
| *Beziehungen*<br>Wie ist meine gegenwärtige Situation in Bezug auf Ehe, Liebe, Freundschaft, auf Vater- oder Mutterschaft und Familie? Was hat sich an meiner Vision von guten Beziehungen verändert? | |

| | |
|---|---|
| *Arbeit*<br>Wie sieht meine berufliche Situation aus? Wie hat sich meine Vision von meiner entsprechenden Arbeit verändert? | |
| *Bestrebungen*<br>Wie sieht meine gegenwärtige Realität in Bezug auf Lernen, Reisen, Lesen und andere Aktivitäten aus? Was hat sich geändert? | |
| *Gemeinschaft*<br>Wie sieht die Gemeinschaft aus, in der ich lebe und zu der ich mich zugehörig fühle? Was hat sich an meiner Vision der Gemeinschaft geändert? | |
| *Anderes*<br>Was gib es noch in meinem Leben, das wichtig für meine Vision ist? | |

Wie gefällt Ihnen Ihr Leben? Sind Sie zufrieden mit allen Lebensbereichen?
Ja? – Hervorragend! Genießen Sie es in vollen Zügen!

Nein? – Dann legen Sie jetzt sofort eine Reihenfolge fest, welche Änderungen Sie wann umsetzen! Fangen Sie jetzt, heute und hier damit an.

| Mein ‚Problem' | Priorität (A, B, C) | Welche Lösungen sind denkbar? | Wann fange ich an? |
|---|---|---|---|
|  |  |  |  |
|  |  |  |  |
|  |  |  |  |
|  |  |  |  |
|  |  |  |  |
|  |  |  |  |

Fangen Sie bei dem ersten Problem an und hören Sie nicht auf, bevor Sie es gelöst haben. Dann widmen Sie sich dem nächsten!
Vergessen Sie nie: Sie sind der einzige Mensch, der Ihr Leben verändern kann!

# Lebensrad

Ähnlich wie die Übung ‚Re-Vision' dient diese Übung der Analyse und stellt zugleich eine Zeitspanne dar.

Das Lebensrad – Ihre Lebensradspeichen

1. Partner
2. Beruf
3. Zufriedenheit / Glücksempfinden
4. Selbstakzeptanz / Ausstrahlung
5. Kinder
6. Gesundheit
7. Persönliche Weiterentwicklung
8. Einkommen
9. Freunde
10. Spaß / Freude
11. Körper / Fitness
12. Soziales Engagement
13. Wohlstand
14. Hobby
15. Kraft / Energie
16. Spiritualität

Das Lebensrad

Bitte bewerten Sie jede ‚Speiche' Ihres Lebensrads von 1 (sehr schlecht) bis 10 (spitze – besser geht es nicht) und verbinden Sie die einzelnen Punkte zu einer Linie.

1. Partner

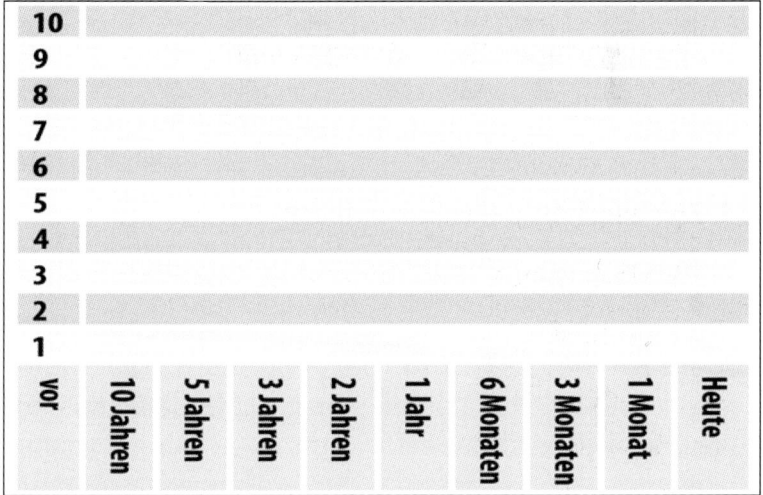

## 2. Beruf

| 10 | | | | | | | | | | |
| --- | --- | --- | --- | --- | --- | --- | --- | --- | --- | --- |
| 9 | | | | | | | | | | |
| 8 | | | | | | | | | | |
| 7 | | | | | | | | | | |
| 6 | | | | | | | | | | |
| 5 | | | | | | | | | | |
| 4 | | | | | | | | | | |
| 3 | | | | | | | | | | |
| 2 | | | | | | | | | | |
| 1 | | | | | | | | | | |
| vor | 10 Jahren | 5 Jahren | 3 Jahren | 2 Jahren | 1 Jahr | 6 Monaten | 3 Monaten | 1 Monat | Heute | |

## 3. Zufriedenheit / Glücksempfinden

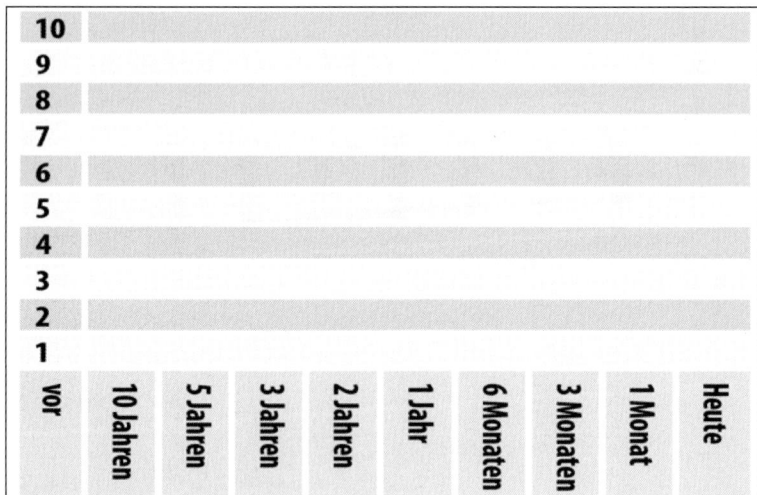

| 10 | | | | | | | | | | |
| --- | --- | --- | --- | --- | --- | --- | --- | --- | --- | --- |
| 9 | | | | | | | | | | |
| 8 | | | | | | | | | | |
| 7 | | | | | | | | | | |
| 6 | | | | | | | | | | |
| 5 | | | | | | | | | | |
| 4 | | | | | | | | | | |
| 3 | | | | | | | | | | |
| 2 | | | | | | | | | | |
| 1 | | | | | | | | | | |
| vor | 10 Jahren | 5 Jahren | 3 Jahren | 2 Jahren | 1 Jahr | 6 Monaten | 3 Monaten | 1 Monat | Heute | |

## 4. Selbstakzeptanz / Ausstrahlung

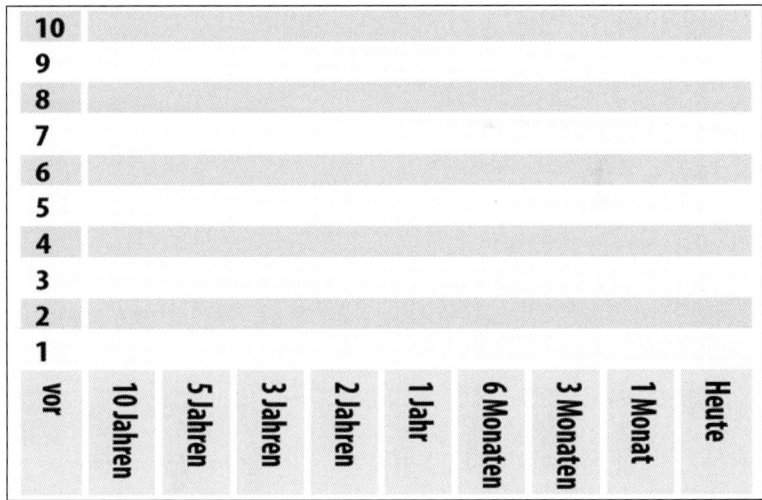

| 10 | | | | | | | | | |
|---|---|---|---|---|---|---|---|---|---|
| 9 | | | | | | | | | |
| 8 | | | | | | | | | |
| 7 | | | | | | | | | |
| 6 | | | | | | | | | |
| 5 | | | | | | | | | |
| 4 | | | | | | | | | |
| 3 | | | | | | | | | |
| 2 | | | | | | | | | |
| 1 | | | | | | | | | |
| vor | 10 Jahren | 5 Jahren | 3 Jahren | 2 Jahren | 1 Jahr | 6 Monaten | 3 Monaten | 1 Monat | Heute |

## 5. Kinder

| 10 | | | | | | | | | |
|---|---|---|---|---|---|---|---|---|---|
| 9 | | | | | | | | | |
| 8 | | | | | | | | | |
| 7 | | | | | | | | | |
| 6 | | | | | | | | | |
| 5 | | | | | | | | | |
| 4 | | | | | | | | | |
| 3 | | | | | | | | | |
| 2 | | | | | | | | | |
| 1 | | | | | | | | | |
| vor | 10 Jahren | 5 Jahren | 3 Jahren | 2 Jahren | 1 Jahr | 6 Monaten | 3 Monaten | 1 Monat | Heute |

## 6. Gesundheit

| | 10 | 9 | 8 | 7 | 6 | 5 | 4 | 3 | 2 | 1 |
|---|---|---|---|---|---|---|---|---|---|---|
| Vor | | | | | | | | | | |
| 10 Jahren | | | | | | | | | | |
| 5 Jahren | | | | | | | | | | |
| 3 Jahren | | | | | | | | | | |
| 2 Jahren | | | | | | | | | | |
| 1 Jahr | | | | | | | | | | |
| 6 Monaten | | | | | | | | | | |
| 3 Monaten | | | | | | | | | | |
| 1 Monat | | | | | | | | | | |
| Heute | | | | | | | | | | |

## 7. Persönliche Weiterentwicklung

| | 10 | 9 | 8 | 7 | 6 | 5 | 4 | 3 | 2 | 1 |
|---|---|---|---|---|---|---|---|---|---|---|
| Vor | | | | | | | | | | |
| 10 Jahren | | | | | | | | | | |
| 5 Jahren | | | | | | | | | | |
| 3 Jahren | | | | | | | | | | |
| 2 Jahren | | | | | | | | | | |
| 1 Jahr | | | | | | | | | | |
| 6 Monaten | | | | | | | | | | |
| 3 Monaten | | | | | | | | | | |
| 1 Monat | | | | | | | | | | |
| Heute | | | | | | | | | | |

## 8. Einkommen

| 10 | | | | | | | | | |
|---|---|---|---|---|---|---|---|---|---|
| 9 | | | | | | | | | |
| 8 | | | | | | | | | |
| 7 | | | | | | | | | |
| 6 | | | | | | | | | |
| 5 | | | | | | | | | |
| 4 | | | | | | | | | |
| 3 | | | | | | | | | |
| 2 | | | | | | | | | |
| 1 | | | | | | | | | |
| vor | 10 Jahren | 5 Jahren | 3 Jahren | 2 Jahren | 1 Jahr | 6 Monaten | 3 Monaten | 1 Monat | Heute |

## 9. Freunde

| 10 | | | | | | | | | |
|---|---|---|---|---|---|---|---|---|---|
| 9 | | | | | | | | | |
| 8 | | | | | | | | | |
| 7 | | | | | | | | | |
| 6 | | | | | | | | | |
| 5 | | | | | | | | | |
| 4 | | | | | | | | | |
| 3 | | | | | | | | | |
| 2 | | | | | | | | | |
| 1 | | | | | | | | | |
| vor | 10 Jahren | 5 Jahren | 3 Jahren | 2 Jahren | 1 Jahr | 6 Monaten | 3 Monaten | 1 Monat | Heute |

## 10. Spaß / Freude

| | vor | 10 Jahren | 5 Jahren | 3 Jahren | 2 Jahren | 1 Jahr | 6 Monaten | 3 Monaten | 1 Monat | Heute |
|---|---|---|---|---|---|---|---|---|---|---|
| 10 | | | | | | | | | | |
| 9 | | | | | | | | | | |
| 8 | | | | | | | | | | |
| 7 | | | | | | | | | | |
| 6 | | | | | | | | | | |
| 5 | | | | | | | | | | |
| 4 | | | | | | | | | | |
| 3 | | | | | | | | | | |
| 2 | | | | | | | | | | |
| 1 | | | | | | | | | | |

## 11. Körper / Fitness

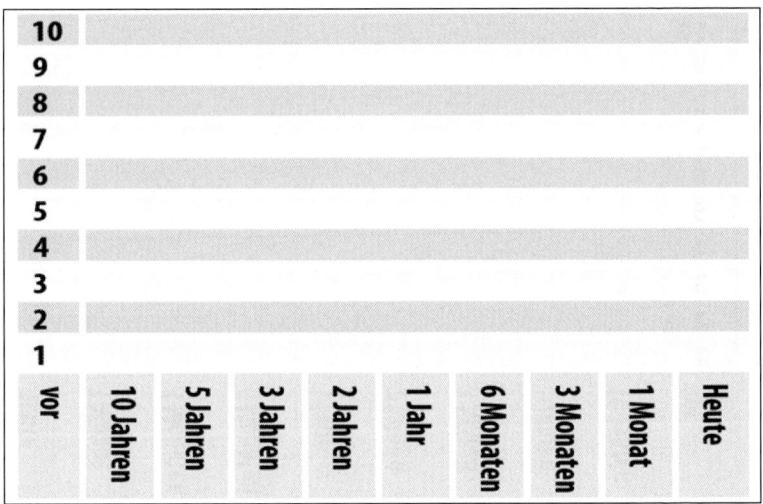

| | vor | 10 Jahren | 5 Jahren | 3 Jahren | 2 Jahren | 1 Jahr | 6 Monaten | 3 Monaten | 1 Monat | Heute |
|---|---|---|---|---|---|---|---|---|---|---|
| 10 | | | | | | | | | | |
| 9 | | | | | | | | | | |
| 8 | | | | | | | | | | |
| 7 | | | | | | | | | | |
| 6 | | | | | | | | | | |
| 5 | | | | | | | | | | |
| 4 | | | | | | | | | | |
| 3 | | | | | | | | | | |
| 2 | | | | | | | | | | |
| 1 | | | | | | | | | | |

## 12. Soziales Engagement

| 10 | | | | | | | | | |
|---|---|---|---|---|---|---|---|---|---|
| 9 | | | | | | | | | |
| 8 | | | | | | | | | |
| 7 | | | | | | | | | |
| 6 | | | | | | | | | |
| 5 | | | | | | | | | |
| 4 | | | | | | | | | |
| 3 | | | | | | | | | |
| 2 | | | | | | | | | |
| 1 | | | | | | | | | |
| vor | 10 Jahren | 5 Jahren | 3 Jahren | 2 Jahren | 1 Jahr | 6 Monaten | 3 Monaten | 1 Monat | Heute |

## 13. Wohlstand

| 10 | | | | | | | | | |
|---|---|---|---|---|---|---|---|---|---|
| 9 | | | | | | | | | |
| 8 | | | | | | | | | |
| 7 | | | | | | | | | |
| 6 | | | | | | | | | |
| 5 | | | | | | | | | |
| 4 | | | | | | | | | |
| 3 | | | | | | | | | |
| 2 | | | | | | | | | |
| 1 | | | | | | | | | |
| vor | 10 Jahren | 5 Jahren | 3 Jahren | 2 Jahren | 1 Jahr | 6 Monaten | 3 Monaten | 1 Monat | Heute |

## 14. Hobby

| | vor | 10 Jahren | 5 Jahren | 3 Jahren | 2 Jahren | 1 Jahr | 6 Monaten | 3 Monaten | 1 Monat | Heute |
|---|---|---|---|---|---|---|---|---|---|---|
| 10 | | | | | | | | | | |
| 9 | | | | | | | | | | |
| 8 | | | | | | | | | | |
| 7 | | | | | | | | | | |
| 6 | | | | | | | | | | |
| 5 | | | | | | | | | | |
| 4 | | | | | | | | | | |
| 3 | | | | | | | | | | |
| 2 | | | | | | | | | | |
| 1 | | | | | | | | | | |

## 15. Kraft / Energie

| | vor | 10 Jahren | 5 Jahren | 3 Jahren | 2 Jahren | 1 Jahr | 6 Monaten | 3 Monaten | 1 Monat | Heute |
|---|---|---|---|---|---|---|---|---|---|---|
| 10 | | | | | | | | | | |
| 9 | | | | | | | | | | |
| 8 | | | | | | | | | | |
| 7 | | | | | | | | | | |
| 6 | | | | | | | | | | |
| 5 | | | | | | | | | | |
| 4 | | | | | | | | | | |
| 3 | | | | | | | | | | |
| 2 | | | | | | | | | | |
| 1 | | | | | | | | | | |

## 16. Spiritualität

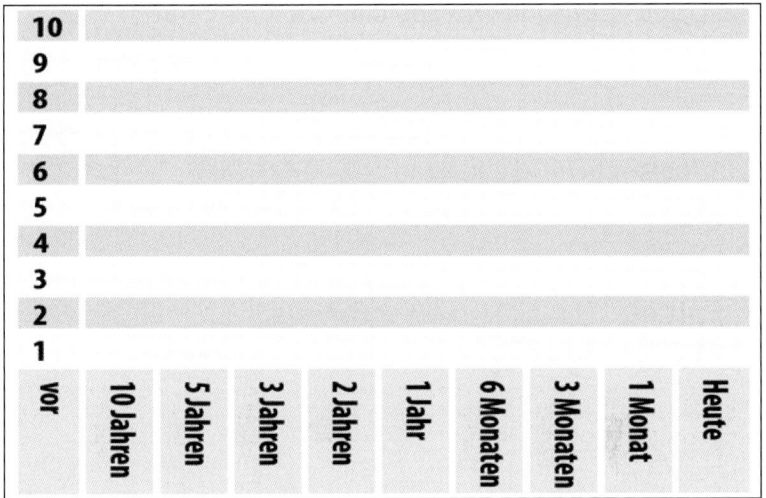

Stellen Sie fest, welche Richtung die Graphik einnimmt
– nach oben oder nach unten?

Zeichnen Sie nun Ihr Lebensrad und fragen Sie sich, ob es ‚rund' läuft oder wo Speichen zu kurz geraten sind!

Ihr persönliches Lebensrad

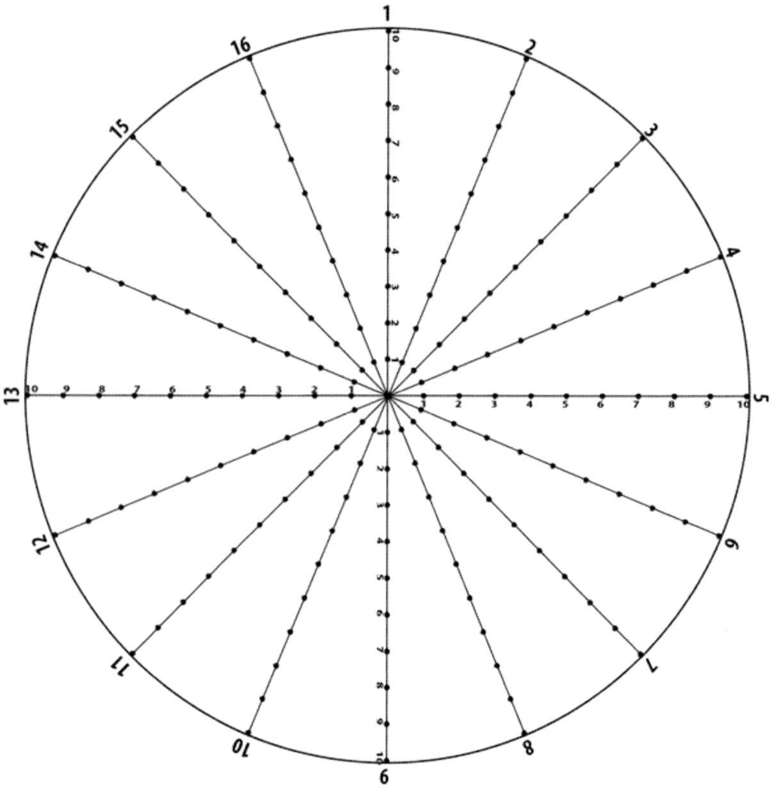

MERKE: Jeden Tag, jede Stunde, jede Minute und jede Sekunde sind Sie der Meister Ihres Lebens. Entscheiden Sie, was Sie ändern wollen und dann: TUN Sie es!

ACHTUNG: Prüfen Sie immer, was Sie wirklich glücklich macht. Hetzen Sie nicht Dingen hinterher, die vielleicht andere glücklich machen! Prüfen Sie genau. Es ist Ihr Leben!

Treffen Sie JETZT Ihre Entscheidung!

Veränderungs-Vertrag
Wenn Sie wissen, was Sie verändern möchten – schlie-
ßen Sie einen Vertrag mit sich selbst und im optimalen
Fall informieren Sie mindestens eine Person über diesen
Vertrag.

---

Änderungsvertrag

Was will ich wirklich ändern?
(Bitte so konkret wie möglich.)




Was will ich in Zukunft nicht mehr machen?

---

Welche Vorteile habe ich aus meinem bisherigen
Verhalten? Prüfen Sie genau!

Wie kann ich diese ‚ehemaligen' Vorteile durch eine
andere Einstellung, ein anderes Verhalten gewinnen?

Was unternehme ich konkret, um dieses Ziel zu erreichen?

Woran merke ich, dass ich mich geändert habe?

Wie werde ich mich möglicherweise selbst überlisten, um den Vertrag nicht erfüllen zu müssen?

Woran werden die anderen Menschen merken, dass ich mich verändert habe?

Wann ist mein Termin für die erste Überprüfung, ob ich den Änderungsvertrag eingehalten habe?

Hiermit verpflichte ich,

_____, mich,

meine geplanten Veränderungen tatsächlich umzusetzen. Ich werde nicht bei den ersten Hindernissen aufgeben, sondern durchhalten, weil ich weiß, was ich will!


Ort, Datum:



Unterschrift:

## Samstag

Dalila sitzt am Flughafen in Zürich. Über Tag musste sie dort ein Seminar leiten, abends sind Sven und sie mit Freunden verabredet. Alle vier wollen zusammen gemütlich essen gehen.

‚Das klappt ja heute wie am Schnürchen, alle Flieger pünktlich, tolle Seminarteilnehmer und um 19.17 Uhr landet mein Flieger in Münster und mein Schatz wird mich abholen. Ich freue mich schon auf Sven, obwohl ich nur einen Tag fort war. Schon komisch. In früheren Partnerschaften war ich immer gerne unterwegs, auf Veranstaltungen und gerne auch im Ausland. Heute bin ich am liebsten mit Sven zu Hause und mache es mir mit ihm gemütlich. Ich freue mich schon auf eine heiße Dusche, dann ungeschminkt und mit nassen Haaren in den Jogginganzug und schließlich auf das Sofa zu meinem Schatz ...'

Dalila wird jäh aus ihren Gedanken gerissen. Sie verzieht ihre Mundwinkel, so wie ein kleines Mädchen eine Schnute zieht. Nicht nur, dass sie damit ihren Unmut über eine so nicht eintretende Abendgestaltung kundtut, sie sorgt mit ihrem Gesichtsausdruck auch für die Erheiterung einiger Fluggäste.

‚Mist, wir sind ja mit Claudia und Horst verabredet. Dazu habe ich heute überhaupt keine Lust!' Dalila geht gedanklich durch, was dieses Ausgehen am heutigen Abend bedeutet. Von ihrer Vorstellung eines schönen Abends bleibt nur noch die heiße Dusche. Der restliche Teil wird ersetzt durch sich wieder ordentlich anziehen, sich schminken, sich die Haare stylen.

Osnabrück ist nun mal eine Stadt, in der sich auch in der Freizeit immer irgendwelche Geschäftspartner treffen, und Dalila hat an sich den Anspruch – und sie verflucht diesen nicht selten –, in der Öffentlichkeit für das zu stehen, was sie meint, was die Kunden von ihr erwarten. Gut gekleidet, ausgeglichen, immer fit, voller Power und mit einer positiven Ausstrahlung. Weil sie all das mit Leidenschaft in ihren Seminaren lebt, genießt sie in ihrer Freizeit den angenehmen Ausgleich in der Natur, ungeschminkt mit den Tieren und mit Sven lange Spaziergänge zu machen. Das braucht sie, um wieder zu Kraft und innerer Ruhe zu finden.

Das Telefon klingelt. Noch 10 Minuten bis zum Boarding. „Hallo mein Schatz, klappt alles gut?" Sie freut sich, die warme und sich sorgende Stimme von Sven zu hören. „Ja, klappt alles planmäßig. Seminar war super und die Teilnehmer waren total nett. Ich bin jetzt nur ziemlich kaputt." Dalila schnauft zur Unterstreichung ihrer Aussage tief ins Telefon. „Das kann ich mir vorstellen, du bist ja schon seit heute Morgen 5.00 Uhr unterwegs." Und als ob Sven Dalilas Gedanken lesen könnte, spricht er weiter: „Was meinst du dazu, wenn wir Claudia und Horst absagen und uns einen gemütlichen Abend machen? Vielleicht noch eine kleine Runde mit Fienchen drehen, du springst unter die Dusche, ich koche währenddessen eine Kleinigkeit und wir kuscheln dann auf dem Sofa!" ‚Sven, du bist der Beste', denkt Dali bei sich und will gerade begeistert zustimmen, als sich ihre innere Stimme mit Zweifeln meldet. „Meinst du, dass wir das machen können? So kurzfristig absagen ist doch auch nicht so toll, oder?" Dalila sieht ihr schönes „wir-machen-uns-einen-schönen-Abend-Bild" schon wieder verschwinden. „Dali, nun mach dir mal keine Sorgen. Die beiden werden das verstehen. Du kennst doch unseren Satz: Freunde halten so etwas aus. Wir können sie doch ganz ehrlich fragen, ob es ihnen etwas ausmacht. Sieh du mal zu, dass du gut nach Hause kommst, und ich erledige den Rest!"

‚Sven ist einfach lieb', denkt Dali noch und besteigt nach dem Durchlaufen der üblichen Formalitäten das Flugzeug. Als die Maschine gestartet ist und sie sich abschnallen kann, schlägt sie ihr Buch auf.

# Interview mit Gott

Ich träumte, ich hätte ein Interview mit Gott.

„Du möchtest also ein Gespräch mit mir?", fragte Gott.
„Wenn du die Zeit hast", sagte ich.

Gott lächelte.
„Meine Zeit ist die Ewigkeit. – Welche Fragen würdest du mir gerne stellen?"

Ich fragte: „Was erstaunt dich am meisten an den Menschen?"

Gott antwortete:
„Dass sie der Kindheit überdrüssig werden.
Sich beeilen, erwachsen zu werden, um sich dann danach zu sehnen, wieder Kinder sein zu können.

Dass sie, um Geld zu verdienen, ihre Gesundheit aufs Spiel setzen und dann ihr Geld ausgeben, um wieder gesund zu werden.

Dass sie durch die ängstlichen Blicke in ihre Zukunft das Jetzt vergessen, sodass sie weder in der Gegenwart noch in der Zukunft leben.

Dass sie lügen – obwohl sie die Wahrheit kennen –, um sich dann damit schlecht zu fühlen.

Dass sie ihren Erfolg daran messen, wie viel Stress sie haben und nicht einmal danach fragen, was sie dafür aufgeben mussten.

Dass sie leben, als würden sie niemals sterben, um dann zu sterben, als hätten sie nie gelebt."

Gott nahm meine Hand und wir schwiegen gemeinsam eine Weile.

Dann wollte ich wissen:
„Was möchtest du, dass deine Kinder lernen?"

Gott antwortete mit einem Lächeln:
„Dass man niemanden veranlassen kann, jemanden zu lieben, sondern zulassen darf, geliebt zu werden.

Dass es nicht förderlich ist, sich mit anderen zu vergleichen.

Dass eine ,reiche' Person nicht jemand ist, der/die das meiste hat, sondern vielleicht das wenigste braucht.

Dass es nur einige Sekunden braucht, einem Menschen tiefe Wunden zuzufügen, jedoch viele Jahre, diese wieder zu heilen.

Dass Vergebung durch gelebtes Vergeben geschieht.

Dass es Menschen gibt, die sich tief und innig lieben, jedoch nicht wissen, wie sie ihre Gefühle ausdrücken können.

Dass zwei Menschen dasselbe betrachten können und es unterschiedlich sehen.

Dass es manchmal nicht genug ist, Vergebung zu erhalten, sondern sich selbst zu vergeben.

Dass die Wahrheit der einzige Weg zu wahrer Größe ist!

Und ... dass ich hier bin ... immer."

Dalila lächelt bei sich. ‚Sven hat wieder einmal recht: Sprich Wahrheiten einfach an. Es ist ehrlicher zu sagen, dass man müde ist, als seinen Freunden vorzugaukeln, man würde sich sehr auf den Abend freuen, obwohl man sich viel lieber ausruhen möchte.
Ich werde das auch in Zukunft wieder forcieren und trainieren. Wie schnell sage ich etwas, nur um es mir vermeintlich leichter zu machen: Ich stehe im Stau – obwohl ich zu spät losgefahren bin. Ja, alles super – obwohl ich mich sorge. Du Mama, ich habe total viel zu tun – obwohl ich einfach jetzt keine Lust habe. Das ist nicht fair. Ich will ja auch, dass die Menschen zu mir ehrlich sind! Ich werde in Zukunft viel mehr darauf achten. Denn letztlich gilt doch, dass ich mit meinem Le-

ben ein besseres Bekenntnis liefere als mit meinen Lippen!'

Zufrieden mit ihrem Entschluss, freut sie sich auf zuhause und ist richtig froh, als Sven ihr sagt, dass Horst und Claudia selber keine rechte Lust gehabt hätten und es sich am Abend auch lieber gemütlich machen würden.

Ihr letzter Gedanke, bevor sie selig einschläft, ist: ‚Ehrlich währt eben doch am längsten!'

## Übungen zu Samstag

„Wer es in kleinen Dingen mit der Wahrheit nicht so genau nimmt, dem kann man auch in großen Dingen nicht trauen." Albert Einstein

Es gibt 3 Gründe, die gegen das Lügen sprechen:
1. Die Wahrheit kommt immer irgendwann ans Tageslicht.
2. Menschen schätzen Ehrlichkeit – zumindest langfristig.
3. Das eigene Gewissen ist rein.

Ehrlichkeit im beruflichen und gesellschaftlichen Leben ist eine gewaltige Herausforderung. Die Versuchung ist groß, Wirklichkeit zu manipulieren oder auch zu relativieren. Erschreckend schnell wird alles trüb – wie eine Landschaft im Nebel. „Wer einmal lügt, dem glaubt man nicht, und wenn er auch die Wahrheit spricht!" Dieses bekannte Sprichwort zeigt die vergiftende Wirkung der Unehrlichkeit.

Wer meint, ein bisschen Schwindeln könne doch nicht schaden, der übersieht die Tatsache, dass es keine relative Unehrlichkeit gibt. Der Angelogene oder Betrogene wird sich später bei jeder ähnlichen Situation fragen: „Ist er schon wieder unehrlich, ist es schon wieder ein Versuch zu schummeln oder zu belügen?" Es bleibt stets ein Misstrauen, selbst wenn der Täter sich diesmal bemüht, ehrlich zu sein. Ehrlichkeit und Vertrauen gehören genauso eng zusammen wie Unehrlichkeit und Misstrauen.

Die Gründe für Unehrlichkeit sind sehr verschieden. Einer lügt aus Angst oder unter dem Druck einer Konfliktsituation, ein anderer, um sich einen Vorteil zu verschaffen oder sich in ein besseres Licht zu rücken. Zudem spielen Ängste eine große Rolle. Man will dem Verlust an Liebe oder Freundschaft vorbeugen, sein Ansehen, sein Prestige oder seine Stellung wahren. Und was tun, wenn der Vorgesetzte erwartet, dass man dem Kunden gegenüber einen Sachverhalt etwas verschönert? Da sitzt einem rasch die Angst im Nacken, bei Nichtbefolgen der Anweisung den Arbeitsplatz zu verlieren. Die Angst vor Versagen und Verlust beschränkt sich aber nicht auf das untere und mittlere Management, nein, gerade in den Chefetagen ist die Gefahr, Zahlen und Statistiken zu biegen, am größten. Dem obersten Gebot ‚Finanzkapital erhalten oder steigern' gilt es nachzukommen. Dazu gibt es täglich Beispiele in der Zeitung zu lesen.

Es gibt Situationen, in denen Ehrlichkeit viel Weisheit erfordert. Denken wir zum Beispiel an die schwierigen Momente, in denen sich Ärzte befinden können. Muss ein Arzt bei einem hoffnungslosen Krebsfall dem Patienten alle Fakten sagen? Könnte in solch einem Fall Schweigen nicht auch Nächstenliebe bedeuten?

Wir müssen nicht alles sagen, was wir wissen; aber wir tragen Verantwortung für die Worte, die wir sagen. Machen wir uns nichts vor: Es braucht viel Mut zur Ehrlichkeit. Ob im privaten oder beruflichen Umfeld, es erfordert Mut und Kraft, ehrlich zu sein und zu bleiben.

Doch dieser Mut zahlt sich immer aus. Ein offenes und ehrliches Miteinander schafft ein wohltuendes Klima und lässt gegenseitiges Vertrauen wachsen. Die Sprichwörter haben recht: Ehrlichkeit währt am längsten, Lügen haben kurze Beine. Außerdem ist es befreiend, loszukommen von Vertuschungszwängen und den Ängsten, bei der Unwahrheit ertappt zu werden.

Wir Menschen besitzen zudem ein feines Instrument – das Gewissen. Am schwersten ist es sicherlich, einer Person zu gestehen, dass man sie angelogen hat. Das erfordert Mut und Zivilcourage. Eine Werbeanzeige titelt: „Jede Wahrheit braucht einen Mutigen, der sie ausspricht."

Das tägliche Praktizieren der Wahrheit ist eine der größten Herausforderungen für uns Menschen, das Verurteilen von Lügnern fällt uns wesentlich leichter. Doch denken Sie dabei immer an die biblische Weisheit: „Wer ohne Schuld ist, der werfe den ersten Stein!"

Ehrlichkeit zu leben, bedeutet tägliches Training.

## Sonntag

Arbeitsfrei haben, ausschlafen, lange frühstücken, spazieren gehen oder einen gemeinsamen Ausritt machen, faulenzen, lesen oder in die Sauna gehen.

‚Wie wichtig doch so ein freier Tag ist', denkt Dalila, als sie sich noch einmal genüsslich im Bett umdreht und sich freut, ‚ihren' Sven neben sich schlafen und gleichmäßig atmen zu hören.

Als die beiden abends vor dem Kamin sitzen und dem Knistern des Feuers lauschen, erzählt Dalila Sven in allen Einzelheiten, was sie die Woche über erlebt hat. Zum Ende meint sie: „Dann lass uns doch einmal schauen, was das Buch für uns beide bereithält." Sven ist ebenso gespannt. Er legt seinen Arm um Dalila. Sie schlägt das Buch auf und Sven liest ihr vor.

**Zeitgedicht**
*(unbekannter Verfasser, ergänzt durch die Autorin)*

Um den Wert eines Jahres zu erfahren –
Frage einen Menschen, der nur noch ein Jahr zu leben hat.

Um den Wert eines Monats zu erfahren –
Frage eine Mutter, die ihr Kind einen Monat zu früh geboren hat.

Um den Wert einer Woche zu erfahren –
Frage den Herausgeber einer Wochenzeitschrift.

Um den Wert eines Tages zu erfahren –
Frage einen Menschen, der auf seine Heimreise wartet.

Um den Wert einer Stunde zu erfahren –
Frage eine Braut, die auf ihren Bräutigam wartet.

Um den Wert einer Minute zu erfahren –
Frage einen Menschen, der seinen Bus, Zug oder sein Flugzeug verpasst hat.

Um den Wert einer Sekunde zu erfahren –
Frage einen Menschen, der einen Unfall überlebt hat.

Um den Wert einer Zehntelsekunde zu erfahren –
Frage jemanden, der bei den Olympischen Spielen eine Silbermedaille gewonnen hat.

Die Zeit ist das unflexibelste Gut, das wir Menschen haben. Wir können es nicht speichern – sondern nur ausgeben. Die Zeit kehrt nie zurück. Aus diesem Grund lebe bewusst und genieße jeden Augenblick!

## Übungen zu Sonntag

Planen Sie bewusst etwas ein, das Ihnen Spaß bereitet. Tun Sie es! Setzen Sie es um oder folgen Sie der Laune des Augenblicks. Wichtig bei allem ist: Genießen Sie es! Nur wenn Arbeit und Muße in der Waage stehen (denken Sie an die Übung von Freitag: Lebensrad), dann läuft es im Leben auch rund und Sie können sagen: „Das Leben ist schön!"

Bauen Sie jeden Tag ganz bewusst eine ‚Lebensinsel' in Ihr Leben ein. Sorgen Sie also dafür, dass Sie jeden Tag eine Sache finden/erleben/tätigen, die Ihnen Freude bereitet. Hier eine Liste von ‚Freuden', die die Teilnehmer eines Wüstenseminars aufgestellt haben, das ich in meinem ersten Buch beschreibe.

Ein Spaziergang; barfuß laufen; eine Umarmung; gutes Essen; schweigen; diskutieren; glücklich sein; Entspannung und innerer Frieden; lachen, bis dir das Gesicht wehtut; echte Freunde; Liebe; gemütlich in der Badewanne liegen; auf einer Schaukel schaukeln; den Sonnenaufgang beobachten; sich verlieben; keine Schlangen im Supermarkt; zufällig mitbekommen, wie jemand etwas Nettes über dich sagt; aufwachen und feststellen, dass du noch drei Stunden schlafen kannst; das Meer; einen 20-Euro-Schein im Mantel vom letzten Winter finden; ein Anruf, der bis in die Nacht hinein dauert; auf einer Wiese liegen; Zeit haben; ein gutes Buch lesen; Kuchen backen; Augenkontakt mit einem netten Fremden halten; den Gesichtsausdruck beobachten von jemandem, der ein Geschenk öffnet, das er sich schon lange gewünscht hat; verlorene Freunde nach zehn Jahren auf dem Weihnachtsmarkt wiedertreffen; Sand unter deinen Füßen; ein Mensch, der dich vermisst; Gesundheit; wissen, dass du das Richtige getan hast – egal, was die anderen sagen.

## Telefonat mit Dr. Agis

Der Alltag hat Dalila am Montag bereits wieder eingeholt. Sie hastet von Termin zu Termin. Das Telefon klingelt, der Magen knurrt. Sport gab es heute auch wieder nicht und der Verkehrsstau scheint noch länger als sonst. Dennoch ist Dali gelassen. Sie schaut entspannt auf den Verkehr und weiß, dass sie gleich wieder zu ihrem Buch greifen wird.

‚Der alte Mann auf dem Flohmarkt hatte recht. Die Geschichten haben mich gefunden. Es war eine spannende und total verrückte, aber sehr schöne und lehrreiche Woche. Ich vertraue darauf, dass es so bleiben wird.'

Gelassen greift sie zu ihrem Telefon und wartet geduldig, dass der angewählte Gesprächspartner abnimmt.

„Dr. Agis", hört Dalila endlich die Stimme ihrer Freundin Daniela. Sie berichtet ihr von all ihren Erlebnissen im Rest der vergangenen Woche und den immer passenden Geschichten in ihrem Buch. Dr. Agis hört zu und ein vereinzeltes „Hmm" gibt Dalila zu erkennen, dass die Freundin zuhört. Die Worte sprudeln an diesem Morgen aus ihr heraus. Als Dalila fertig ist, fragt Dr. Agis nach:

„Dali, was ist das Wichtigste für dich bei all dem, was du erlebt hast? Was hast du mitgenommen?"

Dali denkt einen kurzen Augenblick nach und antwortet ihr dann: „Mein Fazit: Eine große Persönlichkeit ist offen. Ich hätte niemals das Buch gekauft, wenn ich es nicht geschafft hätte, offen für ganz andere Wege zu sein. Eine große Persönlichkeit schafft es, den Mut zu finden, immer wieder an sich zu glauben, gleichgültig, was die anderen sagen. Es ist der Mut, an seiner inneren Wahrheit nie langfristig zu zweifeln, sondern daran zu glauben – so wie der Adler.

Eine große Persönlichkeit schafft es, das eigene Selbstvertrauen zu finden! Sie zweifelt nicht und arbeitet an sich und dem Aufbau des Selbstvertrauens.

Eine große Persönlichkeit steht zu ihrem Wort, hält Versprechen ein und lebt Eigenverantwortung.

Eine große Persönlichkeit achtet auf ihre Worte und ist wertschätzend. Sie kennt ihre eigene Lebensgeschichte und weiß, dass nur sie selbst Autor ihrer eigenen Geschichte sein kann – wenn sie es will.

Eine große Persönlichkeit kann sich versöhnen, ist respektvoll und vorurteilsfrei.

Eine große Persönlichkeit kennt die eigenen Werte und lebt danach. Sie entscheidet sich aktiv, etwas dafür zu tun, um ein glückliches Leben zu finden.

Eine große Persönlichkeit lebt Ehrlichkeit und übernimmt Verantwortung für die gesagten Worte.

Eine große Persönlichkeit weiß, dass gerade im ‚einmal 5 gerade sein lassen und sich nicht geißeln' der Spaß des Lebens steckt. Sie hat Humor und genießt es, auch mal unstrukturiert oder ungeplant sein zu dürfen. Sie kann loslassen!

Ich habe mich entschlossen, die Dinge in meinem Leben zu finden, die ich nicht mehr bereit bin zu akzeptieren und die ich ändern will."

Dr. Agis schweigt beeindruckt über Dalilas Ausführungen. „Wow! Das ist ja eine ganze Menge. Was kannst du denn dafür tun, dass du es umsetzt?"

Dalilas Antwort ist kurz, knapp und zugleich die einzige Möglichkeit:
„Ich habe mich dafür entschieden, so zu leben!"

## Übung

Notieren Sie die Dinge, die Sie nicht mehr an sich akzeptieren wollen, und notieren Sie, was Sie unternehmen, um diese Verhaltensweisen und Einstellungen abzulegen.
Nutzen Sie dazu die Übungen aus diesem Buch!
Handeln Sie immer nach Ihrem Gewissen!

## 4. Schöne Sachen

In diesem Kapitel finden Sie weitere, zum Denken anregende Geschichten und Zitate. Viel Spaß beim Lachen, Weinen, Nachdenken, Freuen, Genießen, Erkennen ...
All diese Geschichten sind von überall aus der Welt und von vielen Menschen zusammengetragen. Wenn es mir möglich war, habe ich die Quelle angegeben.

AUSSERGEWÖHNLICHES
„Wir warten unser Leben lang auf den außergewöhnlichen Menschen, statt die gewöhnlichen um uns her in solche zu verwandeln."
*Hans Urs von Balthasar*

BEACHTUNG
„In jedem Menschen steckt ein König. Sprich zu dem König und er wird herauskommen."
*Sprichwort*

BEGEISTERUNG
„Eine mächtige Flamme entsteht aus einem winzigen Funken."
*Dante Alighieri*

DAS GUTE BEISPIEL
„Das gute Beispiel ist nicht nur eine Möglichkeit, andere Menschen zu beeinflussen. Es ist die einzige."
*Albert Schweitzer*

DURCHHALTEN
„Die Kunst ist, einmal mehr aufzustehen, als man umgeworfen wird."
*Winston Churchill*

## EINSTELLUNGEN

„Einstellungen sind wichtiger als Tatsachen!"
*Karl Menninger*

## FAMILIE

„Ja, ich habe Karriere gemacht. Aber neben meiner Familie erscheint sie mir unbedeutend."
*Lee Iacocca, amerik. Topmanager, 1979-92 Vorstandsvors. Chrysler*

## FEHLER

„Unsere Fehlschläge sind oft erfolgreicher als unsere Erfolge."
*Henry Ford*

## GEDANKEN

„Vergiss nicht, Glück hängt nicht davon ab, wer du bist oder was du hast; es hängt nur davon ab, was du denkst."
*Dale Carnegie*

## GELASSENHEIT

„Die Gelassenheit ist eine anmutige Form des Selbstbewusstseins."
*Marie von Ebner-Eschenbach*

## GEWINNEN

„Wer kämpft, kann verlieren. Wer nicht kämpft, hat schon verloren."
*Bertolt Brecht*

## GLAUBE

„Wenn es einen Glauben gibt, der Berge versetzen kann, so ist es der Glaube an die eigene Kraft."
*Marie von Ebner-Eschenbach*

## GLÜCK

„Das Glück darf entlang der Straße gefunden werden, nicht am Ende des Wegs."
*David Dunn*

## JAMMERN

„Ich weinte, weil ich keine Schuhe hatte – bis ich jemanden sah, der keine Beine hatte."
*Persisches Sprichwort*

## KÄMPFEN

„Man kann nicht kämpfen, wenn die Hosen voller sind als das Herz!"
*Paul Underberg*

## KAMPFGEIST

Jeden Morgen, wenn die Sonne in Afrika aufgeht, weiß die Gazelle, dass sie schneller laufen muss als der schnellste Löwe, wenn sie den Tag überleben will.
Jeden Morgen, wenn in Afrika die Sonne aufgeht, weiß der Löwe, dass er schneller laufen muss als die langsamste Gazelle, wenn er heute nicht verhungern will.
Egal, ob du Gazelle bist oder Löwe:
Wenn die Sonne aufgeht, musst du laufen.
*Afrikanisches Sprichwort*

## LÄCHELN
„Jeder Tag, an dem du nicht lächelst, ist ein verlorener Tag."
*Charlie Chaplin*

## MENSCHEN
„Kapital lässt sich beschaffen, Fabriken kann man bauen, Menschen muss man gewinnen."
*Hans Christoph von Rohr, dt. Topmanager, bis 1995 Vorstandsvorsitzender Klöckner Werke AG*

## MUT
„Manchmal braucht ein Herz viel Mut, um den Verstand zu besiegen!"
*Daniela A. Ben Said*

## NACH VORNE
„Um nach vorne zu kommen und dort zu bleiben, kommt es nicht darauf an, wie gut du bist, wenn du gut bist, sondern wie gut du bist, wenn du schlecht bist."
*Martina Navratilova*

## NEID
„Der Neid ist die aufrichtigste Form der Anerkennung."
*Wilhelm Busch*

## TRÄNEN
„Tränen reinigen das Herz."
*Fjodor Michailowitsch Dostojewski*

VERGANGENHEIT
„Wer vor seiner Vergangenheit flieht, verliert immer das Rennen."
*Thomas Stearns Eliot*

WAHRHEIT
„Schöne Worte sind nicht immer wahr und wahre Worte sind nicht immer schön!"
*Daniela A. Ben Said*

WERT
„Niemand ist nutzlos in dieser Welt, der einem anderen die Bürde leichter macht."
*Charles Dickens*

ZUKUNFT
„Mehr als die Vergangenheit interessiert mich die Zukunft, denn in ihr gedenke ich zu leben."
*Albert Einstein*

## Geschichten und Gedichte

### Jugend
*Albert Schweitzer*

Jugend ist nicht ein Lebensabschnitt, sie ist ein Geisteszustand, sie ist Schwung des Willens, Regsamkeit der Fantasie, Stärke der Gefühle, Sieg des Mutes über die Feigheit, Triumph der Abenteuerlust über die Trägheit.

Niemand wird alt, weil er eine Anzahl Jahre hinter sich gebracht hat. Man wird nur alt, wenn man seinen Idealen Lebewohl sagt!

Mit den Jahren runzelt die Haut, mit dem Verzicht auf Begeisterung aber runzelt die Seele.

Sorgen, Zweifel, Mangel an Selbstvertrauen, Angst und Hoffnungslosigkeit, das sind die langen, langen Jahre, die das Haupt zur Erde ziehen und den aufrechten Geist in den Staub beugen.

Ob siebzig oder siebzehn, im Herzen eines jeden Menschen wohnt die Sehnsucht nach dem Wunderbaren! Du bist so jung wie deine Zuversicht, so alt wie deine Zweifel, so jung wie deine Hoffnung, so alt wie deine Verzagtheit.

Solange die Botschaften der Schönheit, Freude, Kühnheit, Größe, Macht vor der Erde, den Menschen und dem Unendlichen dein Herz erreichen, so lange bist du jung. Erst wenn die Flügel nach unten hängen und das Innere deines Herzens vom Schnee des Pessimismus und vom Eis des Zynismus bedeckt ist, dann erst bist du wahrlich alt geworden.

## Die 4 Kerzen
*unbekannter Verfasser*

Vier Kerzen brennen im Raum und wenn du ganz leise hinhörst, kannst du hören, wie sie sprechen.

Ein Kind betritt das Zimmer und lauscht ihren Worten. Die erste Kerze sagt: „Ich bin der Frieden! Jedoch keiner kann mein Licht erhalten, weil immer wieder Krieg und Hass die Welt beherrschen." Ihre Flamme wird immer kleiner, bis sie schließlich ganz erlischt. Die zweite Kerze sagt: „Ich bin das Vertrauen. Ich bin so verletzbar und spüre ständig, wie die Menschen mich missbrauchen und verraten." Nachdem sie gesprochen hat, ist auch ihre Lebenskraft dahin. Sie erlischt. Die dritte Kerze spricht: „Ich bin die Liebe. Mir fehlt immer mehr die Kraft zum Weiterleben. Die Menschen schieben mich weg, verdrängen mich, überschminken mich und verstecken mich hinter coolen Sprüchen – ohne dass sie begreifen, wie wichtig ich bin. Manchmal vergessen sie sogar, denen Liebe zu schenken, die ihnen am nächsten stehen. Sie verdrängen mich für die ‚Zeit'." Die Kerze wird immer schwächer, dann stirbt auch sie mit einem leisen, traurigen Seufzer.

Das Kind wird sehr traurig und beginnt zu weinen. Da spricht die vierte Kerze sanft zu ihm: „Habe keine Angst und weine nicht. Solange ich brenne, kannst du die anderen wieder entzünden!" Das Kind strahlt die Kerze an. „Das werde ich machen!" Gerade als das Kind beginnt, die anderen Kerzen erneut zu entzünden, fragt es: „Ja aber, wer bist du?" Die Kerze hält einen kleinen Augenblick inne und antwortet: „Ich bin die Hoffnung!"

## Tod einer Unschuldigen
*unbekannter Verfasser*

Ich ging zu einer Party, Mami, und dachte an deine Worte. Du hattest mich gebeten, nicht zu trinken, und so trank ich keinen Alkohol.

Ich fühlte mich ganz stolz, Mami, genauso, wie du es vorhergesagt hattest. Ich habe vor dem Fahren nichts getrunken, Mami, auch wenn die anderen sich mokierten.

Ich weiß, dass es richtig war, Mami, und dass du immer recht hast. Die Party ging langsam zu Ende, Mami, und alle fuhren weg.

Als ich in mein Auto stieg, Mami, wusste ich, dass ich heil nach Hause kommen würde: aufgrund deiner Erziehung – so verantwortungsvoll und fein. Ich fuhr langsam an, Mami, und bog in die Straße ein. Aber der andere Fahrer sah mich nicht, sein Wagen traf mich mit voller Wucht.

Als ich auf dem Bürgersteig lag, Mami, hörte ich den Polizisten sagen, der andere sei betrunken. Und nun bin ich diejenige, die dafür büßen muss.

Ich liege hier im Sterben, Mami, ach bitte, komm doch schnell! Wie konnte mir das passieren? Mein Leben zerplatzt wie ein Luftballon.

Ringsherum ist alles voller Blut, Mami, das meiste ist von mir. Ich höre den Arzt sagen, Mami, dass es keine Hilfe mehr für mich gibt.

Ich wollte dir nur sagen, Mami, ich schwöre es, ich habe wirklich nichts getrunken. Es waren die anderen, Mami, die haben einfach nicht nachgedacht.

Er war wahrscheinlich auf der gleichen Party wie ich, Mami. Der einzige Unterschied ist nur: Er hat getrunken, und ich werde sterben.

Warum trinken die Menschen, Mami? Es kann das ganze Leben ruinieren. Ich habe jetzt starke Schmerzen, wie Messerstiche so scharf.

Der Mann, der mich angefahren hat, Mami, läuft herum, und ich liege hier im Sterben. Er guckt nur dumm.

Sag meinem Bruder, dass er nicht weinen soll, Mami. Und Papi soll tapfer sein. Und wenn ich dann im Himmel bin, Mami, schreibt ihr ‚Papis Mädchen' auf meinen Grabstein.

Jemand hätte es ihm sagen sollen, Mami, nicht trinken und dann fahren. Wenn man ihm das gesagt hätte, Mami, würde ich noch leben.

Mein Atem wird kürzer, Mami, ich habe große Angst. Bitte, weine nicht um mich, Mami. Du warst immer da, wenn ich dich brauchte.

Ich habe nur noch eine letzte Frage, Mami, bevor ich von hier fortgehe: Ich habe nicht vor dem Fahren getrunken, warum bin ich diejenige, die sterben muss?

## Sterne und Träume
*Markus Bomhard*

Weißt Du noch, wie ich Dir die Sterne vom Himmel
holen wollte, um uns einen Traum zu erfüllen?
Aber Du meintest,
sie hingen viel zu hoch ...!
Gestern streckte ich mich zufällig
dem Himmel entgegen,
und ein Stern fiel in meine Hand hinein.
Er war noch warm und zeigte mir,
dass Träume vielleicht nicht sofort in Erfüllung gehen;
aber irgendwann ...?!

## Zu schnell gefahren
*unbekannter Verfasser*

Werner schaute noch einmal auf den Tacho, bevor er langsamer wurde. 78 km/h innerhalb einer Ortschaft. Das dritte Mal, dass er in diesem Jahr erwischt wurde ...
Der Polizist, der ihn angehalten hatte, stieg aus dem Streifenwagen und kam mit einem Notizblock auf Werner zu.
,Christian?' Die Uniform irritierte zunächst, aber es war Christian aus der Kirche!
Werner sank tiefer in seinen Sitz. Das war schlimmer als der Strafzettel. Ein christlicher Bulle erwischte jemanden aus seiner eigenen Kirche.
„Hallo Christian. Komisch dass wir uns so wiedersehen!"
„Hallo Werner."
Kein Lächeln.
„Ich sehe, du hast mich erwischt in meiner Eile, nach Hause zu kommen, um meine Frau und meine Kinder zu sehen."
„Ja, so ist das." Christian, der Polizist, schien unsicher zu sein.
„Ich bin in den letzten Tagen immer erst sehr spät aus dem Büro gekommen, und war daher heute in Gedanken schon beim morgigen Familienausflug. Mit wie viel hast du mich erwischt?"
„Siebzig."
„Ach, Christian, warte einen Moment. Ich habe sofort auf den Tacho geschaut, als ich dich sah! Ich schätze, das waren 65 km/h!"

Werner hatte gelernt, mit jedem Strafzettel besser zu lügen ... Genervt starrte er auf das Armaturenbrett. Christian schrieb derweil fleißig in seinen Notizblock. Warum wollte er nicht Führerschein und Papiere sehen? Was auch immer der Grund war, es würden einige Sonntage vergehen, bis Werner sich in der Kirche wieder neben diesen Polizisten setzen würde.

Ungeduldig meinte Werner: „Es liegt doch ganz in deinem Ermessen. Sicher habe ich gegen eine Verkehrsregel verstoßen, aber man kann doch auch mal ein Auge zudrücken, oder?"

Christian schrieb weiter, riss dann den Zettel ab und gab ihn Werner.

„Danke." Werner konnte die Enttäuschung in seiner Stimme nicht verbergen. Ohne ein weiteres Wort zu verlieren, ging Christian zu seinem Streifenwagen zurück und fuhr los. Werner wartete und schaute ihm im Rückspiegel nach. Dann faltete er den Zettel auf. Was würde ihn dieser Spaß kosten? He, war das ein Witz? Es war gar kein Strafzettel, den er in den Händen hielt.

Werner las: „Lieber Werner, ich hatte einmal eine kleine Tochter. Als sie fünf Jahre alt war, starb sie bei einem Verkehrsunfall. Richtig geraten, der Typ ist zu schnell gefahren. Ein Strafzettel, eine Gebühr und drei Monate Knast, dann war er wieder frei. Frei, um seine beiden Töchter wieder in den Arm nehmen zu dürfen. Ich hatte nur eine Tochter, und ich werde warten müssen, bis ich sie im Himmel wieder in die Arme nehmen kann. Tausendmal habe ich versucht, diesem Mann zu vergeben. Vielleicht habe ich es geschafft, aber ich muss immer wieder an meine Tochter denken. Auch jetzt. Bete bitte für mich. Und sei bitte vorsichtig, Werner. Mein Sohn Benny ist alles, was ich noch habe.

Gruß, Christian."

Werner drehte sich um und sah durch das Rückfenster Christian mit seinem Streifenwagen in der Ferne. Er fuhr die Straße hinunter. Werner blickte ihm nach, bis er nicht mehr zu sehen war. Erst einige Minuten später startete er seinen Wagen und fuhr langsam nach Hause.

Christian betete während der Fahrt, flehte um Verzeihung für sein Verhalten. Zu Hause angekommen, nahm er seine überraschte Frau und seinen Sohn Benny ganz fest in die Arme.

Das Leben ist so wertvoll. Behandle es mit Sorgfalt. Dies ist eine sehr wichtige Nachricht. Bitte gib sie weiter an deine Freunde.

Fahr vorsichtig und mit Verständnis anderen gegenüber. Vergiss nie, Autos kann man neu kaufen. Menschenleben aber ...

## Lebe
*Beate Korioth*

lebe frei
wild
liebevoll
lache jeden Tag

tanze
tanze nächtelang
tagelang

glaube an dich
an die Liebe
daran,
dass es immer einen Weg gibt

fange oben an
gib dich nicht mit weniger zufrieden

sei zufrieden
sei frieden
sei

zweifle niemals
an deiner innersten Wahrheit
der Liebe

sei großzügig
großmütig
sei groß

lebe ein großes Leben!

## Wir fürchten unser Licht am meisten
*Nelson Mandela in seiner Rede zum Amtsantritt, 1994*

Unsere größte Furcht haben wir nicht davor, unzulänglich zu sein ... unsere größte Furcht haben wir davor, aus eigener Kraft über uns selbst hinauszuwachsen.
Es ist unser Licht, das wir am meisten fürchten, nicht das Dunkle.
Wir fragen uns: ‚Warum sollte ausgerechnet ich als großartig und bewundernswert herausstechen?' Wer aber sagt, dass du eben dies nicht tun sollst? Auch du bist Gottes Kind. Sich selbst kleinzumachen, ist der Welt nicht dienlich. Sich kleinzumachen, nur um die Menschen in der Umgebung nicht zu verunsichern, hat nichts Erleuchtendes. Wir alle sind dazu bestimmt, zu leuchten. Ganz so, wie es Kinder tun. (...)
Indem wir unser Licht scheinen lassen, geben wir auch anderen unbewusst die Erlaubnis, es uns gleichzutun. Und wenn wir selbst von unserer Furcht befreit sind, wird alleine unsere Gegenwart auch andere befreien. (...)

## Das Trapez
*unbekannter Verfasser*

Manchmal denke ich, mein Leben sei eine Serie von Trapezschwüngen. Entweder hänge ich an einem Trapezbalken, der vor sich hinschwingt, oder, für einige Augenblicke meines Lebens, schleudere ich durch diesen Raum zwischen zwei Trapezen.

Die meiste Zeit meines Lebens verbringe ich damit, mich an meiner ‚Trapezstange des jeweiligen Augenblicks' festzuklammern, als ginge es um mein Leben. Sie schwingt mich in einem bestimmten festen Rhythmus hin und her, und das gibt mir das Gefühl, mein Leben unter Kontrolle zu haben. Denn ich kenne bei mir die meisten Fragen und sogar einige der Antworten.

Aber hin und wieder, wenn ich glücklich (oder auch nicht ganz so glücklich) vor mich hinschwinge, schaue ich ein Stück vor mich – und was sehe ich? Ich sehe, wie mir eine andere Trapezstange entgegenschwingt. Diese Trapezstange ist leer, und ich weiß – in dieser Stelle in mir, die weiß –, dass auf dieser neuen Trapezstange bereits mein Name steht.

Denn sie ist mein nächster Schritt, mein Wachstum, meine Lebendigkeit, meine Veränderung, die gekommen ist, um mich zu holen. Und tief in meinem Herzen weiß ich, dass ich meinen Halt an dieser augenblicklichen, wohlbekannten Stange loslassen und mich zur nächsten schwingen muss, wenn ich wirklich lebendig bleiben und weiterwachsen möchte. Jedes Mal, wenn mir das passiert, hoffe ich (nein, bete ich), dass ich meine alte

Stange noch nicht loslassen muss, bevor ich die neue greifen kann. Aber in dieser Stelle in mir, die weiß, ist mir klar, dass ich meinen Halt an meiner alten Stange erst völlig loslassen und für einen Augenblick der Zeit durch den Raum schleudern muss, bevor ich die neue Stange ergreifen kann. Das erfüllt mich jedes Mal mit Schrecken. Es hilft auch nichts, dass ich es in all meinen früheren Flügen durch die Leere des Unbekannten immer geschafft habe. Jedes Mal habe ich Angst, dass ich daneben greifen, dass ich auf dem unsichtbaren Felsen in der bodenlosen Kluft zwischen den Trapezstangen zerschmettert würde. Und ich tue es trotzdem. Vielleicht ist dies das Wesen dessen, was die Mystiker ,Erfahrung des Glaubens' nennen. Keine Garantien, kein Netz, keine Versicherungen, aber wir tun es trotzdem. Irgendwann steht es einfach nicht länger auf der Liste der möglichen Alternativen, weiter an dieser Trapezstange zu hängen. Also erhebe ich mich für eine Ewigkeit, die eine Mikrosekunde oder Tausende von Leben dauern kann, durch die dunkle Leere des Zwischenstadiums, das da heißt: „Das Vergangene ist vorbei und die Zukunft ist noch nicht da." Man nennt das ,Übergang'. Ich habe glauben gelernt, dass dieser Übergang der einzige Ort ist, wo sich wahre Veränderung vollzieht. Ist meine wahre Veränderung, nicht die Pseudo-Verän-derung, die nur so lange anhält, bis ich das nächste Mal einen Tritt in den Hintern erhalte? In unserer Kultur wird dieser Übergangsbereich als ,Nichts' angesehen, als ein ,Nicht-Ort' zwischen den Orten. Klar, die alte Trapezstange war real, und ich hoffe, dass es die neue Stange, die auf mich zukommt, auch sein wird. Aber die Leere dazwischen? Ist das tatsächlich nur ein angsterregendes, verwirrendes, orientierungsloses Nichts, durch das man so schnell und ahnungslos wie möglich hindurchmuss? NEIN! Was wäre das für eine vergeudete Gelegenheit!

Mir drängt sich der Verdacht auf, dass dieser Übergangsbereich das einzig Reale ist, während die Trapezstangen Illusionen sind. Wir haben sie uns erträumt, um jene Leere zu vermeiden, die sich für uns dann auftut, wenn gerade kein wirkliches Wachstum, keine wirkliche Veränderung geschieht. Ob meine Vermutung stimmt oder nicht, sicher ist, dass die Übergangsbereiche unseres Lebens ungeheuer reiche Orte sind. Man sollte sie respektieren, ja, sogar so gut es geht genießen. Trotz all des Schmerzes und der Furcht und den Gefühlen, außer Kontrolle zu sein – Empfindungen, die solche Übergänge begleiten können (jedoch nicht notwendigerweise müssen) –, sind sie trotzdem die lebendigsten, wachstumserfülltesten, leidenschaftlichsten, ergreifendsten Augenblicke dessen, was einmal unser Leben gewesen sein wird.

## Der Adler – der mehr auf andere hörte als auf sich
*Daniela A. Ben Said*

Einst lebte eine Adlerfamilie, die aus Adlereltern und -kindern bestand. Wie das bei Adlerfamilien nun einmal so ist, müssen die Adlereltern über Tag für das Futter sorgen, während die Adlerkinder alleine im Nest bleiben.
Ein Adlerküken der Familie war jedoch sehr keck, und während die Eltern auf Futtersuche waren, dachte es für sich: „Diese Sache mit dem Fliegen, die probiere ich jetzt schon einmal aus!"
Es schaute neugierig über den Nestrand und ... fiel heraus. Sehr schnell und recht unsanft landete es mit dem Schnabel voran auf dem Boden.
Nun hatte das Adlerküken aber ‚Glück'. Ein Landwirt, der zufällig des Weges kam, nahm es mit in der Hoffnung, seine Hühner würden es großziehen!
Und dem Küken lächelte noch einmal das ‚Glück' – die Hühner nahmen es als eines von ihnen an und lehrten es, zu leben wie ein Huhn: Am Boden zu scharren, nach Würmern zu picken, zu gackern und ab und zu ein paar Meter nah am Boden zu fliegen. Es wuchs also in dem Bewusstsein auf, ein Huhn zu sein.
Eines Tages hörte es vom Himmel einen Schrei, der ihm durch Mark und Bein drang. Es blickte auf und sah einen Vogel, der majestätisch seine Kreise zog.
Nach einer Weile der Beobachtung ging es – mittlerweile zu einem Adlerjungen geworden –, zu dem Huhn-Ältesten und fragte diesen, was für ein Vogel das dort am Himmel wäre.

Der Huhn-Älteste blickte auf und sagte: „Tja, das, mein Junge, das ist der König der Lüfte – ein Adler!"
Gemeinsam betrachteten sie noch eine Weile den Flug des Adlers am Himmel.
In seiner jugendlichen Unwissenheit fragte der junge Adler den Huhn-Ältesten: „Warum fliegen wir nicht so wie der Adler?"
„Weil wir Hühner sind und die leben nun einmal am Boden, scharren, suchen nach Würmern, gackern und fliegen nie weiter als zehn Meter, weil unsere Flügel gar nicht dafür gemacht sind!", beantwortete der Huhn-Älteste die Frage.
So lebte der Adler sein Leben weiter als Huhn.
Als er eines Tages merkte, dass sein Tod nahte, war sein letzter Gedanke:

„Schade, ein Adler wäre ich auch gerne gewesen!"

## Desiderata
*1692 in der St. Paulus Kirche von Baltimore gefunden*

Gehe gelassen inmitten von Lärm und Hast und denke daran, wie ruhig es sein kann in der Stille. So weit wie möglich – ohne Dich aufzugeben – sei auf gutem Fuß mit jedermann. Das, was Du zu sagen hast, sprich ruhig und klar aus, und höre andere an, auch wenn sie langweilig oder töricht sind, denn auch sie haben an ihrem Schicksal zu tragen. Meide die Lauten und Streitsüchtigen, sie verwirren den Geist. Vergleichst Du Dich mit anderen, kannst Du hochmütig oder verbittert werden, denn immer wird es Menschen geben, die bedeutender und besser sind als Du. Erfreue Dich am Erreichten und an Deinen Plänen. Bemühe Dich um Deinen eigenen Beruf, wie bescheiden er auch sein mag; er ist ein fester Besitz im Wechsel der Zeit. Sei vorsichtig bei Deinen Geschäften, denn die Welt ist voller Betrüger. Aber lass deswegen das Gute nicht aus den Augen, denn Tugend ist auch vorhanden. Viele streben nach Idealen, und überall im Leben gibt es Helden. Sei Du selbst. Täusche vor allem keine falschen Gefühle vor. Sei auch nicht zynisch, wenn es um Liebe geht, denn trotz aller Öde und Enttäuschung verdorrt sie nicht, sondern wächst weiter wie Gras. Höre freundlich auf den Ratschlag des Alters und verzichte mit Anmut auf Dinge der Jugend. Stärke die Kräfte Deines Geistes, um Dich bei plötzlichem Unglück dadurch zu schützen. Quäle Dich nicht mit Wahnbildern. Viele Ängste werden durch Müdigkeit und Einsamkeit geweckt. Bei aller angemessenen Disziplin – sei freundlich mit Dir selbst. Genau wie Bäume und Sterne, so bist Du ein Kind der Schöpfung. Du hast ein Recht auf Deine Existenz. Und auch wenn Du das nicht verstehst, entfaltet sich die Welt gewiss nach Gottes Plan. Bleibe also im Frieden mit Gott, was auch immer er für Dich bedeutet und was immer Deine Sehnsüchte und Mühen in der lärmenden Verworrenheit des Lebens seien – bewahre den Frieden in Deiner Seele. Bei allen Enttäuschungen, Plackereien und zerronnenen Träumen ist es dennoch eine schöne Welt. Sei vorsichtig. Strebe danach, glücklich zu sein.

## Gestern – Heute – Morgen

Es gibt in jeder Woche zwei Tage, über die wir uns keine Sorgen machen sollten. Zwei Tage, die wir frei halten sollten vor Angst und Bedrückung.

Einer dieser Tage ist Gestern mit all seinen Fehlern und Sorgen, geistigen und körperlichen Schmerzen. Das Gestern ist nicht mehr unter unserer Kontrolle! Alles Geld dieser Welt kann das Gestern nicht zurückbringen. Wir können keine einzige Tat, die wir getan haben, ungeschehen machen. Wir können nicht ein Wort zurücknehmen, das wir gesagt haben. Das Gestern ist vorbei.

Der andere Tag, über den wir uns keine Sorgen machen sollten, ist das Morgen – mit all seinen möglichen Gefahren, Lasten, Versprechungen und weniger guten Leistungen. Auch das Morgen haben wir nicht unter sofortiger Kontrolle.

Morgen wird die Sonne aufgehen, entweder in ihrem vollen Glanz oder hinter einer Wolkenwand. Eines steht fest: Sie wird aufgehen! Bis sie aufgeht, sollten wir uns über das Morgen keine Sorgen machen. Das Morgen ist noch nicht geboren.

Es bleibt nur ein Tag übrig: Das Heute.

Jeder Mensch kann nur die Schlacht von einem Tag schlagen. Dass wir zusammenbrechen, geschieht nur, wenn Du und Ich die Last dieser zwei fürchterlichen Ewigkeiten – Gestern und Morgen – zusammenfügen.

Es ist nicht die Erfahrung von heute, die die Menschen verrückt macht. Es ist die Reue und Verbitterung für etwas, das im Gestern geschehen ist, und die Furcht vor dem, was das Morgen bringen wird.

Lebe heute, lebe JETZT! Gestern ist Vergangenheit und das Morgen gehört den Göttern.

## Der Bindestrich
*von Linda Ellis*

Ich las einmal von einem Mann,
der beim Begräbnis einer Freundin die Rede hielt.
Er sprach von den Daten auf ihrem Grabstein,
vom Anfang ... bis zum Ende.

Erst nannte er das Datum ihrer Geburt,
das danach folgende mit Tränen in den Augen.
„Aber", sagte er, „was wirklich zählt,
ist nur der Bindestrich zwischen den Jahreszahlen.

Dieser Bindestrich steht für die Zeit,
die Zeit, die sie lebte und wandelte auf Erden. –
Und nur jene, die sie geliebt haben, wissen,
was dieser kleine Strich wirklich wert ist.

Für diesen kleinen Strich spielt es keine Rolle,
wie viel wir besitzen; die Autos ..., das Haus ..., das Geld.
Wichtig ist nur, wie wir leben und lieben
und wie wir unseren Bindestrich gestalten.

Denke gründlich darüber nach", forderte er,
„gibt es Dinge, die du noch ändern möchtest?
Du weißt nie, wie viel Zeit dir noch bleibt,
um es zu tun.

Immer wenn du kannst, dann halte inne,
um zu erkennen, was wahrhaftig, rechtens und richtig ist,
und versuche stets, die Art und Weise zu verstehen,
wie andere Menschen fühlen.

Sei nicht so schnell verärgert
und gib anderen mehr Anerkennung,
und liebe Menschen deines Lebens,
wie du nie zuvor geliebt hast.

Behandle andere mit Respekt
und trage öfter ein Lächeln.
Denk daran, dass dieser besondere Bindestrich
nur ganz kurz sein kann."

Und er schloss: „Wenn einst in deiner Grabrede
die Werke deines Lebens verkündet werden,
könntest du auf all das stolz sein,
wofür dein Bindestrich steht?"

## Freu dich
*Aus einem österreichischen Wanderführer, 2001*

Freu dich über jede Blume,
über jeden Schmetterling.
Freu dich über alles Leben!
Über jedes kleinste Ding.

Freu dich über alles Schöne!
Übers blaue Himmelszelt,
freu dich über all die Sterne!
Und die große weite Welt.

Freu dich über all die Jahre!
Über jeden schönen Tag,
über jede frohe Stunde,
die der Herr dir schenken mag!

Freu dich über alle Menschen!
Über jedes gute Wort,
freu dich über jedes Lächeln!
Lass die Freude niemals fort!

Denn der Mensch, er braucht die Freude!
Was für den Leib ist Speis und Trank,
für die Seele ist's die Freude!
Drum freue dich dein Leben lang!

## Was die Seele braucht
*unbekannter Verfasser*

Sie braucht einen Platz, auf dem sie steht –
Sie braucht einen Freund, der mit ihr geht.

Sie braucht ein Tun, das sie täglich erfreut –
Sie braucht die Stille, Besinnlichkeit.

Sie braucht Musik, die empor sie hebt –
Sie braucht Freude, solang' sie hier lebt.

Sie braucht den Fortschritt, das Wachstum, den Geist –
Sie braucht ein Lied, das Vollkommenheit heißt.

Sie braucht der Liebe wärmendes Kleid –
Sie braucht den Frieden, die Heiterkeit.

Sie braucht eine Zeit, die dem Schöpfer sie weiht –
Zum Horchen und Ahnen der Ewigkeit.

## Wenn es einen Menschen gibt ...
*unbekannter Verfasser*

der Dich nimmt, wie Du bist,
und immer zärtlich zu Dir ist,

den kein anderes Denken stört
und der gerne Deine Meinung hört,

der Dich achtet und versteht
und alle Wege mit Dir geht,

der, ohne Lügen oder List,
stets aufrichtig und ehrlich zu Dir ist,

der das Gute in Dir baut
und Dir grenzenlos vertraut,

der mit seinem Kummer zu Dir eilt
und Deine Sorgen mit Dir teilt,

der, bist Du mal traurig oder verstimmt,
Dich auch dann in seine Arme nimmt,

der sich aufs Wiedersehen freut
und Dich zu lieben nie bereut,

... der ist ein wahrer Freund für Dich,
darum lasse auch Du ihn nie im Stich.

## Die Fabel vom Vogel
*unbekannter Verfasser*

Ein kleiner Vogel flog wegen des Winters in den Süden. Er war jedoch spät dran und es war schon sehr kalt. Der Vogel fiel steifgefroren auf den Boden.

Während er dort so lag, kam eine Kuh des Weges und ließ einen Fladen auf ihn fallen. Der steifgefrorene Vogel begann aufzutauen und merkte, wie schön warm es in dem Kuhfladen war. Er war darüber so froh, dass er einen Freudengesang anstimmte.

Eine vorbeikommende Katze hört ihn, folgte dem Gesang, fand den Vogel, holte ihn unter dem Kuhfladen hervor und fraß ihn auf.

Moral der Geschichte:

Nicht jeder, der auf dich scheißt, ist dein Feind!

Und nicht jeder, der dich aus der Scheiße holt, ist dein Freund.

Und wenn du in der Scheiße sitzt – dann halte bloß die Schnauze!

## Ahmet und sein Vater
*unbekannter Verfasser*

Der Vater aus dem Irak schreibt Ahmet einen Brief nach Deutschland. „Sohn – ohne Dich kann ich den Garten nicht umgraben und keine Kartoffeln pflanzen, um mein Essen zu sichern! Ich liebe Dich. Dein Vater."

Ahmet schreibt seinem Vater über einen Freund per EMail zurück:

„Vater! Rühr den Garten nicht an! Ich habe dort etwas Geheimnisvolles versteckt!"

Am nächsten Tag sind der CIA, CIS, NCIS, die Rangers und der amerikanische Geheimdienst dort und durchsuchen den ganzen Garten.

Einige Tage später erhält der Vater einen Brief von Ahmet.

„Liebster Vater. Ich hoffe, Dein Garten ist jetzt umgegraben – mehr konnte ich nicht für Dich tun. Ich liebe Dich. Dein Sohn."

## Manager
*unbekannter Verfasser*

Ein Manager wurde im Flugzeug neben ein kleines Mädchen gesetzt.

Der Manager wandte sich ihm zu und sagte: „Wollen wir uns ein wenig unterhalten? Ich habe gehört, dass Flüge schneller vorbeigehen, wenn man mit seinem Mitpassagier redet!"

Das kleine Mädchen, welches eben sein Buch geöffnet hatte, schloss es langsam und sagte zu dem Manager: „Über was möchten Sie reden?"

„Oh, ich weiß es nicht", antwortete der Manager. „Wie wäre es, über die neueste Aktienmarktentwicklung zu sprechen?"

„Okay", sagte sie, „das wäre sicherlich ein interessantes Thema! Aber bitte, erlauben Sie mir zuerst eine Frage: Ein Pferd, eine Kuh und ein Reh essen alle dasselbe Zeug: Gras! Aber das Reh scheidet kleine Kügelchen aus, die Kuh einen flachen Fladen und das Pferd produziert Klumpen getrockneten Grases. Warum, denken Sie, dass dies so ist?"

Der Manager dachte darüber nach und sagte: „Nun, ich habe wirklich – auch nach reiflicher Überlegung – keine Idee!"

Daraufhin antwortete das kleine Mädchen: „Fühlen Sie sich wirklich kompetent genug, mit mir über die Börse zu sprechen, wenn Sie nicht einmal über Scheiße Bescheid wissen?"

## Verkauf

Ein junger Mann zieht in die Stadt und geht zu einem sehr großen Kaufhaus, um sich dort nach einem Job umzusehen.

Manager: „Haben Sie irgendwelche Erfahrungen als Verkäufer?"

Junger Mann: „Klar, wo ich herkomme, war ich Verkäufer!"

Der Manager findet den jungen Mann sympathisch und stellt ihn ein.

Der erste Arbeitstag ist hart, aber er meistert ihn. Nach Ladenschluss kommt der Manager zu dem jungen Mann: „Wie vielen Kunden haben Sie heute etwas verkauft?"

Junger Mann: „Einem!"

Manager: „Nur einem? Unsere Verkäufer schaffen im Schnitt 20 bis 30 Verkäufe pro Tag! Wie hoch war Ihre Verkaufssumme?"

Junger Mann: „154.342,54 Euro!"

Manager: „154.342,54 Euro? Was haben Sie dem Kunden denn verkauft?"

Junger Mann: „Zuerst habe ich dem Mann einen kleinen Angelhaken verkauft, dann einen zweiten kleinen und danach noch einen großen Angelhaken! Schließlich kaufte er noch eine Angelrute. Ich fragte ihn dabei, wo er denn angeln ginge, worauf er antwortete, dass es wohl das Mittelmeer werden würde. Da sagte ich ihm, dass er dort ein Boot bräuchte. Wir gingen in die Bootsabteilung und ich verkaufte ihm die kleine Cross-Craft mit Außenborder.

Er bezweifelte daraufhin, dass sein Honda Civic das Boot ziehen könne, worauf ich dem Kunden in unserer Kfz-Halle den großen Pajero zeigte. Den nahm er auch mit!"

Manager: „Sie wollen damit sagen, ein Mann kam zu Ihnen, um einen Angelhaken zu kaufen, und Sie haben ihm zusätzlich Angel, Boot und Geländewagen verkauft?"

Junger Mann: „Nein, nein! Er kam in das Geschäft und wollte eigentlich eine Packung Tampons für seine Frau kaufen, also sagte ich zu ihm: ‚Nun, wo Ihr Wochenende doch sowieso schon im Eimer ist, könnten Sie doch auch angeln gehen!'"

## Wer bin ich?

Ein Mann in einem Heißluftballon hat die Orientierung verloren. Er geht tiefer und sichtet eine Frau am Boden. Er sinkt noch weiter ab und ruft: „Entschuldigung, können Sie mir helfen? Ich habe einem Freund versprochen, ihn vor einer Stunde zu treffen, und ich weiß überhaupt nicht, wo ich bin."

Die Frau am Boden antwortet: „Sie sind in einem Heißluftballon in ungefähr 10 Meter Höhe über dem Grund. Sie befinden sich auf dem 49. Grad, 28 Minuten und 11 Sekunden nördlicher Breite und auf dem 8. Grad, 43 Minuten und 58 Sekunden östlicher Länge."

„Sie müssen Ingenieurin sein!", ruft der Ballonfahrer.

„Bin ich", antwortet die Frau, „woher wissen Sie das?"

„Nun", sagt der Ballonfahrer, „alles, was Sie mir sagten, ist technisch korrekt, aber ich habe keine Ahnung, was ich mit Ihren Informationen anfangen soll, und Fakt ist, dass ich immer noch nicht weiß, wo ich bin. Offen gesagt, Sie waren mir keine große Hilfe. Sie haben meine Reise höchstens noch weiter verzögert."

Die Frau antwortet: „Sie müssen im Management tätig sein."

„Ja", ruft der Ballonfahrer, „aber woher wissen Sie das?"

„Nun", antwortet die Frau, „Sie wissen weder wo Sie sind noch wo Sie hinfahren. Sie sind aufgrund einer großen Menge heißer Luft in Ihre jetzige Position gekommen. Sie haben ein Versprechen gemacht, von dem Sie keine Ahnung haben, wie Sie es einhalten sollen, und erwarten nun von den Leuten unter Ihnen, dass sie

Ihre Probleme lösen. Tatsache ist, dass Sie nun in der gleichen Lage sind wie vor unserem Treffen – aber merkwürdigerweise bin ich jetzt irgendwie schuld."

## Danksagung

Ich danke meinem Mann. „Ich danke dir für deine Geduld mit mir. Dein unerschütterlicher Optimismus und dein nicht zu erschütternder Glaube an mich geben mir immer wieder Kraft und lassen mich alle Herausforderungen des Lebens annehmen."

Ich danke meiner Familie. „Familie Ben Said – das Beste, was es gibt. Wir halten zusammen – egal was kommt!"

Ein großer Dank gebührt meinen Mitarbeitern, die immer 100%igen Einsatz für mich und Quid agis zeigen. „Ich bin stolz darauf, solche Menschen wie euch um mich zu wissen!"

Ich danke auch meinem Verlag für die professionelle und stetige Unterstützung und Beratung!

## Quellen für Ideen und Anregungen

Werner Kniesel – Hopenet
Robert Schuller – Himmel auf Erden
Anthony Robbins – Das Power-Prinzip
Dale Carnegie – Wie man Freunde gewinnt
Karsten Brocke – Stärken stärken – Schwächen schwächen
Harris – Einmal ok – immer ok
Horst Conen – Und ich schaffe es doch
Buhr & Müller – Die Kunst, das Leben zu meistern
Fa. lifelearning®
Das Internet
Gespräche mit Menschen
Thomas H. Bastian
Nikolai Hotzan
Franz Podek
Mein Institut Quid agis

Mein eigenes Leben!

## Die Autorin

Daniela A. Ben Said
wurde am 20.04.1974
im Raum Osnabrück geboren.
Das ‚Energiebündel ohne
Grenzen' gilt als eine der
authentischsten Trainerinnen
Deutschlands.
Die vierfache Buchautorin
wurde im Jahr 2008 mit dem
Coaching Award ausgezeichnet
und wird seit 2006 jährlich in

die Top 100 der ‚excellent Speakers' gewählt. Sie begeistert durch klare, einfache und sofort umsetzbare Konzepte und Ideen, die sie mit ihrem Unternehmen selbst vorlebt. Ihre Vorträge sind Infotainment pur. Der ‚Spiegel Wissen' fasst es 2008 wie folgt zusammen: „Sie gehört zu den Top-Trainern Deutschlands!" TV-Auftritte, Radio-Interviews und zahlreiche Einladungen zu Top-Events zeigen ihre Beliebtheit als Rednerin.
1998 gründete sie das Institut für Management Coaching ‚Quid agis'. Ihr Wissen basiert auf einem Studium zur Psychologie, einer Ausbildung zur Heilpraktikerin (Psychotherapie), zahlreichen Zusatzqualifikationen in den Bereichen NLP (DVNLP-Lehrtrainerin), Transaktionsanalyse, Hypnose, Kinesiologie und besonders aus ihren Erfahrungen in der Praxis von mehr als 250 Seminartagen pro Jahr.

Namhafte Unternehmen lassen ihre Mitarbeiter von Daniela A. Ben Said schulen und trainieren.

Bereits seit 2003 bildet Ben Said selbst Business-Trainer mit höchstmöglicher Qualifikation und staatlicher Überprüfung aus!

Ihre Seminare und ihre Bücher basieren auf Klarheit, Ehrlichkeit, Vertrauen und menschlicher Wertschätzung.

Lassen Sie sich begeistern von der überraschendsten Trainerin Deutschlands.


Quid agis*
Institut für Management-Coaching
Akademie für Ausbildungen
Praxis für psychologische Beratung
Daniela A. Ben Said
Scharfe Hegge 35
49086 Osnabrück
Telefon: 0541 - 580578-10
www.quid-agis.de

Daniela A. Ben Said
**Das Wüstenseminar**
Persönlichkeitstraining
für alle (Lebens-) Manager
Geest-Verlag, 2005
ISBN 978-3-937844-59-6
10 Euro

Das beste Geschenk, das einem Menschen gegeben werden kann, ist ein zufriedenes Leben. Der Chef eines Unternehmens will seinen Mitarbeitern ein besonderes Dankeschön geben. Aus jeder Abteilung wird ein Mitarbeiter ausgewählt, der das ‚Wüstenseminar' mit der Leiterin Janette Ben Salem besuchen darf. Verschiedene Mitarbeiter mit unterschiedlichen Charakteren erleben ein Seminar, in welchem es darum geht, ein glückliches und zufriedenes Leben zu führen. Die Besonderheit der Wüste ist der ideale Hintergrund, um zu erklären, was wir Menschen im Leben brauchen, um wirklich glücklich zu sein! Erleben Sie ein Persönlichkeitstraining der besonderen Art. Die Reise in die Wüste die Reise in das eigene Ich. Finden Sie die Antwort auf die Frage, wie Sie innere Ruhe und Zufriedenheit finden! Leben Sie erfolgreich – das bedeutet unver-WÜST-lich! Dieses Buch wird Sie bewegen ... Versprochen!

Daniela A Ben Said
**DABS-Verkauf.**
**Be different or die!**
Geest-Verlag, 2012
überarbeitete Neuauflage
ISBN 978-3-86685-352-2
20 Euro

Leben Sie diese Devise und verkaufen Sie wirklich anders! In diesem Buch finden Sie konkrete und sofort umsetzbare Strategien für langfristige Kundenbindung und Kundenverblüffung, Ideen für einen professionellen Umgang mit Rechnungen, Mahnungen, Reklamationen und vielem mehr.

Dieses Buch zeichnet sich durch drei Punkte besonders aus:

- Vorschläge aus der praktischen Arbeit
- kostengünstige und für jedes Unternehmen durchführbare Ideen
- sofort umsetzbar

Verkaufen bedeutet heute viel mehr, als nur gute Angebote und Produkte zu haben. Verkaufen heißt heutzutage: Persönlichkeit, Menschlichkeit und Mut zum Anderssein.